AF361034

ESSAI D'UN TRAITÉ

SUR LA

JUSTICE UNIVERSELLE.

PARIS. — DE L'IMPRIMERIE DE RIGNOUX,
rue des Francs-Bourgeois-S.-Michel, n° 8.

las. BACON.
B.R

ESSAI D'UN TRAITÉ

SUR LA

JUSTICE UNIVERSELLE,

OU

LES SOURCES DU DROIT;

SUIVI DE PLUSIEURS OPUSCULES;

PAR FRANÇOIS BACON;

TRADUCTION NOUVELLE AVEC LE TEXTE EN REGARD,

Précédée de la Vie de Bacon, et d'un Discours préliminaire, accompagnée
et suivie de notes,

Par J.-B. DE VAUZELLES, ANCIEN MAGISTRAT.

Si quid moves à principio move. (HIPPOCRATES.)

Il n'appartient de proposer des changemens qu'à
ceux qui sont assez heureusement nés pour pénétrer d'un coup de génie toute la constitution
d'un état. (MONTESQUIEU, *Préf. de l'Esp. des lois.*)

PARIS,

B. WARÉE, FILS AINÉ, LIBRAIRE,

AU PALAIS DE JUSTICE.

1824.

PRÉFACE.

Bacon dédiant son plus important ouvrage à Jacques Ier, roi d'Angleterre, dit avec cette noble confiance qu'autorise une éminente supériorité : *Peut-être après ma mort on reconnaîtra qu'au milieu des ténèbres où la philosophie est plongée, j'ai allumé un flambeau destiné à éclairer la postérité d'une lumière nouvelle (a)* (1).

Ce pressentiment du génie s'est vérifié : est-il une science que les rayons de ce flambeau n'aient fécondée? celle des lois pouvait-elle seule être privée de leur influence? Cet oubli de la part d'un chancelier eût été difficile à comprendre; aussi n'a-t-il pas eu lieu.

Dans le vaste projet qu'il avait conçu, de refaire toutes les connaissances humaines, Bacon a senti que la jurisprudence devait occuper une place distinguée, et cette place, il l'a lui a assignée dans

---

(a) *Mortuus fortassè id effecero, ut illa posteritati, nova hâc accensa face in philosophiæ tenebris, prælucere possint.*

(Novi Organi dedicatio.)

son traité *de la Dignité et des accroissemens des sciences*. C'est là qu'il a posé les fondemens d'une législation sinon comparable à la règle de Polyclète (*a*) au moins semblable à ces ébauches où l'on reconnaît la main hardie de Michel-Ange.

Après avoir trouvé dans la loi le principe conservateur, et dans l'abus de la force le principe destructeur de toute société, Bacon fait naître le droit privé de la lutte de ces deux principes et du triomphe du premier.

Il représente d'abord la force prenant trois formes différentes pour dominer la société : il la montre tantôt audacieuse et violente, tantôt artificieuse et cachée sous le manteau de la loi, tantôt altérant la pureté de la loi même, en s'identifiant avec elle. C'est pour vaincre ce Protée qu'il veut que la loi s'arme de toutes ses ressources : il cherche ensuite la fin des lois, et la trouve dans le bonheur des citoyens. Mais que doivent être les lois pour atteindre ce but? leur premier mérite à ses yeux est *la certitude* qui seule leur ménage des auxiliaires : *si le signal donné par la trompette est incertain*, dit-il, *qui se préparera au combat?*

(*a*) *Voyez* le second alinéa de la 23ᵉ note des *Aphorismes*.

Bacon passe ensuite aux moyens de rendre les lois certaines, claires, simples et dignes : il indique comment on peut suppléer à leur silence ; l'usage et le choix qu'il faut faire des exemples et des autorités ; l'extension dont les lois sont susceptibles. Il proscrit ces lois à deux faces qui semblent regarder à la fois le passé et l'avenir ; distingue et détermine les jurisdictions ; puis, des hauteurs intellectuelles de la législation, il descend aux détails matériels de la pratique : son génie ne dédaigne rien de ce qui peut être utile. Dans la refonte des lois qu'il médite ou réclame, il dit à quelles sources il faudra puiser ; ce qu'il faudra recueillir ; ce qu'il faudra rejeter ; quel style il conviendra d'employer. Il fonde des archives pour recevoir les vastes monumens de la jurisprudence, pendant qu'il réduit et allège le volume des lois courantes. La science des arrêts et des auteurs fixe à son tour son attention : il enseigne aux arrêtistes à compiler avec ordre et choix, détermine le poids des docteurs de la science, donne un regard aux écoles, et cherche enfin à prémunir les justiciables contre les doctrines ambulatoires des tribunaux, en diminuant le nombre des appels.

Tel est l'ouvrage que Bacon a donné sous le titre modeste, mais juste, d'Essai ; car quelle autre chose qu'un essai pouvait faire un homme sur *la justice universelle.*

Chaque pas que fait Bacon dans cette longue route, si rapidement parcourue, affermit le sol qui le porte, chaque mot qu'il dit l'éclaire. C'est bien de ce beau génie qu'on peut affirmer qu'il abrège tout, parce qu'il voit tout, et pour pouvoir tout dire.

De même que Bacon a ouvert la route à Gassendi et à Loke dans la métaphysique, à Newton dans la haute physique, de même il a frayé celle que Montesquieu devait parcourir avec tant de gloire dans la science des lois.

« Livré de bonne heure à l'étude des lois, dit M. Suard (a), les places que Bacon remplit l'obligèrent à en faire la principale occupation de sa vie. Il les étudia, non en simple jurisconsulte, mais en législateur et en philosophe. On a de lui des aphorismes aussi remarquables par la profondeur des idées que par l'énergie et la précision du style, et l'on a lieu de croire que Montesquieu les avait lus avec attention. »

L'éloge que M. Ferrand (b) fait des aphorismes

(a) *Voyez* la *Biog. univ.*, article *Bacon.*
(b) *Esprit de l'Histoire*, tome II, lettre xxvi.

n'est pas moins grand ; voici comme il en parle :
« En élevant les réponses des jurisconsultes au rang
des lois, Justinien paraissait augmenter l'édifice
d'une législation dont, dans le fait, il renversait
les bases. Bacon avait sans cesse ce renversement
devant les yeux quand il fit son immortel traité *de
Justitiâ universali*. Plusieurs lois du Digeste et du
Code ne pourraient se soutenir à côté de ces aphorismes, qui énoncent en termes clairs et précis des
vérités irréfragables. »

En effet, quelles vérités plus irréfragables que
celles dont Bacon se sert pour recommander la
publicité des audiences ; que tous les jugemens
soient motivés, (aph. 30); qu'on se borne, en
certains cas, à des peines infamantes, (aph. 40);
que les tentatives de crimes ne soient punies que
lorsqu'il y a commencement d'exécution (aph. 41);
que les lois ne soient pas minutieusement inquisi-
toriales (aph. 42); qu'elles n'aient pas d'effet
rétroactif (aph. 47)? etc.

Ces recommandations ont la plupart été entendues
de notre siècle, et leurs effets ont passé dans notre
législation. Mais si elles n'ont plus le mérite de la
nouveauté, Bacon a du moins celui de leur avoir
prêté le premier un langage éloquent et persuasif.
Toutefois je ne doute pas que nos législateurs et

nos publicistes n'y trouvent encore à glaner. Nous recommandons les Aphorismes à la méditation de ceux qui savent féconder les principes, et faire sortir d'une seule pensée cette foule de conséquences que n'y voit pas le vulgaire.

Les Aphorismes de Bacon ont déjà été traduits plusieurs fois en français.

La première traduction qui en ait été faite est celle de Beaudouin, imprimée en 1639 : elle manque d'exactitude, de concision et de clarté ; elle est d'ailleurs écrite dans un style qui a vieilli.

En 1755, de Leyre donna au public une *Analyse de la philosophie du chancelier Bacon*, où se trouvaient compris les aphorismes de droit, mais réduits à 40, au lieu de 97. Naigeon a depuis inséré cette fausse traduction dans l'Encyclopédie méthodique, où les autres ouvrages de Bacon sont également défigurés. Ce n'est pas un écrit aussi remarquable par sa nerveuse concision qu'on peut réduire ; on le tronque, mais on ne l'abrège pas.

On trouve enfin les Aphorismes de droit dans la traduction française des œuvres de Bacon, en 15 vol. in-8°, par Antoine la Salle, publiée en l'an VIII ; mais, indépendamment de la nécessité de se procurer une aussi volumineuse collection pour lire un opuscule, beaucoup de défauts se font remarquer dans cette traduction : elle est généralement écrite d'un style lâche et diffus, et rappelle trop souvent qu'elle n'est pas l'ouvrage d'un jurisconsulte. Il est une foule de choses et d'expressions dont on voit que le traducteur n'a pas senti la portée.

M. Gilet, professeur de l'ancienne académie de législation, est le premier qui ait donné une traduction estimable des Aphorismes. Elle parut en 1806, et fut favorablement accueillie.

J'ai joint à la mienne le discours préliminaire qui se trouve en tête de l'édition latine de Vincent (petit in-18, 1752). Quoique je n'adopte pas la philosophie surannée de l'auteur, et que son style ne soit pas toujours exempt d'emphase, ce discours me semble mériter à quelques égards la réputation dont il jouit. M. Ferrand en fait un brillant éloge dans l'ouvrage que nous avons cité plus haut (a), et j'ai dû céder à son jugement plutôt qu'au mien propre. Ce discours paraît traduit en français pour la première fois.

Enfin, en 1822, un célèbre avocat, M. Dupin, a donné, sous le titre de *Leges legum*, une excellente édition des Aphorismes, enrichie de notes écrites

____

(a) *Esprit de l'Histoire*, tome II, lettre xxvi.

avec une élégance qui rappelle le temps où le latin était la langue exclusive des savans. On sait que M. Dupin se sert de sa propre langue plus habilement encore, et surtout plus utilement pour le malheur ; c'est la seule chose qui le distingue de ces savans. Cette édition m'a été d'un grand secours.

On trouvera à la suite des Aphorismes *les Élémens du droit commun anglais*, ou *Maximes de droit*, que j'ai fait suivre de courtes explications. Ce petit ouvrage, omis par la plupart des éditeurs des œuvres de Bacon, a tous les genres de mérite qu'on admire dans les Aphorismes. Il a été recueilli dans la belle édition en 5 vol. in-4°, 1765. J'ai retranché le long commentaire dont il y est accompagné.

A l'exemple de M. Dupin, j'ai réuni aux *Aphorismes* le *Discours sur les devoirs d'un juge*, extrait des Essais de morale et de politique de Bacon : j'y ai joint aussi *l'Allocution au Justicier Hutton*, qui lui sert de complément. Ces deux morceaux portent l'empreinte du génie original de l'auteur.

On trouvera ensuite un fragment d'une lettre de Bacon au fameux duc de Buckingham, dans lequel il cherche à fixer l'attention de ce ministre tout-puissant sur les considérations qui doivent le guider dans le choix des magistrats de l'ordre judiciaire.

Puis vient une paraphrase de deux paraboles de Salomon sur les devoirs des Juges : c'est un extrait du traité *de Augmentis scientiarum*.

Mais de toutes les additions que j'ai faites aux Aphorismes, la plus importante par elle-même et à raison des circonstances, est sans contredit la proposition que Bacon fit, à deux reprises différentes, à Jacques Ier, de refondre et de recueillir en un seul corps toutes les lois anglaises. L'ordonnance du Roi, du 20 août dernier, lui donne le mérite de l'à-propos. Cet ouvrage est la mise en œuvre des Aphorismes.

J'ai pensé aussi qu'on serait bien aise de trouver en tête de ce livre une notice sur Bacon. Sa vie n'est pas moins instructive que ses ouvrages : les hommes d'état, pour qui il paraît avoir écrit celui-ci (*a*), verront, dans cette notice, que les dignités et les talens ne défendent pas toujours des bassesses du cœur; et la fidélité sévère avec laquelle l'histoire nous a transmis les faiblesses d'un si beau génie, leur prouvera que le châtiment des hommes pu-

---

(*a*) *Voyez* l'avant-propos.

blics qui ont trahi leurs devoirs ne finit pas avec eux.

J'ai puisé aux meilleures sources les documens dont je me suis servi, m'efforçant de ne rien dire qui ne soit appuyé sur une autorité suffisante.

Enfin, j'ai accompagné ma traduction de quelques notes, et n'ai rien négligé pour rendre mon travail plus digne de Bacon et moins indigne du public.

NOTE.

(1) Cette dédicace porte avec soi un tel caractère d'originalité, que nous avons cru devoir la traduire et la placer ici ; elle donnera une idée de la manière grande et large dont Bacon envisageait les sciences :

A notre sérénissime et très-puissant prince et seigneur, JACQUES, *par la grâce de Dieu, roi de la Grande-Bretagne, de France et d'Irlande, défenseur de la foi.*

SÉRÉNISSIME ET TRÈS-PUISSANT ROI,

Votre Majesté pourra peut-être m'accuser de vol, pour avoir dérobé à ses affaires tout le temps qu'a exigé cet ouvrage, et je n'aurai rien à répondre ; car le temps n'est pas de ces choses qu'on restitue. Toutefois je n'aurai point de reproches à me faire, si celui que j'ai dérobé à mes fonctions peut ajouter à la durée de votre nom et à la gloire de votre siècle ; ce qui arrivera, pour peu que ce livre ait de prix.

Ce qu'il y a de certain, c'est qu'il est d'un genre entièrement neuf, sous tous les rapports, quoiqu'il ait été copié dans un bien vieux manuscrit, puisqu'il a été calqué sur l'univers même, sur la nature des choses et de l'esprit humain. Pour moi, je l'avouerai ingénument, s'il m'arrive parfois de le priser, c'est plutôt comme production de cet âge que comme œuvre du génie ; la seule chose qui m'étonne, c'est que quelqu'un en ait pu concevoir la première idée, et que des opinions accréditées aient pu devenir à tel point suspectes à ses yeux : le reste n'est qu'une conséquence obligée.

Mais on ne peut douter que le hasard, pour parler le langage ordinaire, ou quelque chose qui tient du hasard, n'ait sa part dans les pensées des hommes, aussi bien que dans leurs actions et leurs discours. Par ce mot de hasard, dont je me sers, je veux dire que s'il y a quelque chose de bon dans l'ouvrage que je vous présente, c'est à l'immensité de la grâce et de la bonté divines, c'est à la félicité de votre règne, qu'il faut l'attribuer.

Je vous ai servi pendant ma vie avec une affection qui ne se démentit jamais, et peut-être qu'après ma mort on reconnaîtra qu'au milieu des ténèbres où la philosophie est plongée, j'ai allumé un flambeau destiné à éclairer la postérité d'une lumière nouvelle; car c'est au siècle du plus sage et du plus savant des rois qu'il appartient de voir la régénération, la complète restauration des sciences.

Il me reste une demande à faire, qui n'est pas indigne de Votre Majesté, et dont le succès contribuerait puissamment au but que je me propose : c'est que vous, qui en tant de choses nous retracez Salomon, par la gravité de vos jugemens, la sérénité de votre règne, l'élévation de vos sentimens, enfin par l'étonnante variété des livres que vous avez composés, vous daigniez, afin d'avoir avec lui un trait de ressemblance de plus, donner des ordres pour que l'on choisisse et rassemble les matériaux d'une histoire naturelle et expérimentale, vraie, sévère, dépouillée de tout luxe de style, uniquement destinée à servir de base à la philosophie, et telle que nous la décrirons en son lieu; si bien qu'après tant de siècles, la philosophie et les sciences, cessant de porter sur le vide et d'être pour ainsi dire aériennes, posent enfin sur le solide fondement d'expériences bien constatées en tous genres. J'ai fourni l'instrument, mais c'est à la nature qu'il faut demander les matériaux.

Daigne l'Être tout puissant et tout bon conserver long-temps Votre Sérénissime Majesté : tel est le vœu de son très-humble et très-dévoué serviteur,

François Vérulam,
Chancelier.

FOIS BACON.

NOTICE

SUR

LA VIE DE FRANÇOIS BACON.

> La raison . . . .
> Fait au sommet des airs, en déployant ses ailes,
> De son divin flambeau jaillir trois étincelles :
> Aux bords de la Gironde, en des vallons fleuris,
> L'une alla de Montaigne échauffer les écrits ;
> La seconde à Florence éclaira Galilée ;
> Sur le rivage anglais la troisième envolée
> Brillait devant Bacon dans le nouveau chemin
> Où ce profond penseur guida l'esprit humain.
>
> M. J. CHÉNIER, *la Bataviade.*

FRANÇOIS BACON naquit à Londres, au palais d'Yorck, dans le Strand, le 22 janvier 1561, la deuxième année du règne d'Élisabeth, du second mariage de Nicolas Bacon (a), chevalier, garde du grand sceau, et grand chancelier d'Angleterre,

---

(a) Nicolas Bacon, savant distingué et magistrat intègre, professa et pratiqua toute sa vie une philosophie douce et modérée. Un jour Élisabeth, dans une visite qu'elle lui fit dans sa maison d'Hertfort, lui dit en plaisantant, que

1

avec Anne Cook (*a*), fille du chevalier Antoine Cook, qui avait été précepteur d'Édouard VI.

Il avait deux frères plus âgés que lui : le premier, Nathanaël Bacon, né du premier mariage de Nicolas Bacon, était un peintre habile.

François Bacon montra de très-bonne heure ce qu'il devait être un jour : encore enfant, il amusait Élisabeth par la vivacité de ses reparties : cette reine ne l'appelait que son petit garde des sceaux.

Entré à treize ans au collége de la Trinité (université de Cambridge), dès l'âge de seize, il fit un ouvrage contre la philosophie d'Aristote, telle qu'on l'enseignait alors : c'était préluder aux coups plus assurés qu'il devait lui porter un jour.

---

cette maison était trop petite pour un homme tel que lui. « Madame, répondit le modeste chancelier, c'est la faute de votre majesté, qui m'a fait trop grand pour ma maison. » La devise qu'il avait adoptée pour ses armes porte l'empreinte de cette modération en toutes choses ; elle est ainsi conçue : *Mediocria firma*.

(*a*) Anne Cook, fille et épouse d'hommes de mérite, fut elle-même une femme supérieure pour son temps. Elle avait traduit du latin l'*Apologie de l'Église anglicane*, par Sewell. Telle était alors la direction générale des esprits : un siècle plus tard, la mère de Bacon eût peut-être été chez les Anglais ce qu'ont été chez nous Mmes de la Fayette et de Sévigné.

En 1577, il accompagna à Paris le chevalier Pawlet, ambassadeur d'Angleterre, qui le chargea peu de temps après d'une mission secrète auprès d'Élisabeth. Il montra dans cette circonstance une maturité précoce qui justifia la confiance du ministre.

Bacon reprit ensuite ses voyages, et visita les premières capitales du Continent, portant partout cet esprit d'observation qu'il a tant recommandé depuis dans ses ouvrages.

De retour en Angleterre, vers sa dix-neuvième année, il publia sur l'état général de l'Europe un écrit qui nous a été conservé, et qui déjà promettait un homme d'État à sa patrie.

La mort prématurée de son père prévint les avantages qu'il pouvait attendre de sa prédilection : il partagea avec ses frères une fortune modique qui réduisit son ambition à se faire jour par une autre voie que celle de la fortune. Il entra dans la société de Gray pour y étudier le Droit, et se livra ensuite aux exercices du Barreau, où il devint, à vingt-huit ans, avocat extraordinaire d'Élisabeth.

Vers ce temps, il publia un livre intitulé *la plus grande Production du temps*, titre fastueux, qu'il fut le premier à désapprouver depuis. Ce livre, qui s'est perdu, était une esquisse de son grand ouvrage *de la Restauration des sciences*.

En 1593, Bacon parvint à se faire nommer par le comté de Midlesex à la Chambre des Communes, où il siégea d'abord avec l'opposition. Il était ambitieux ; mais ses premiers efforts pour sortir de la foule ne furent pas heureux. Tant que vécut Élisabeth, un concours fâcheux de circonstances lui ferma la porte des honneurs, malgré la protection du comte d'Essex. Ce favori l'en dédommagea généreusement, et le combla de bienfaits pris sur sa propre fortune : c'est ainsi qu'en 1594, n'ayant pu faire nommer Bacon solliciteur général, il lui fit présent de la maison de Twitheman, et de la terre de Paradis, estimée 1800 livres sterling, que celui-ci accepta avec les démonstrations de la joie la plus vive.

Bientôt après l'inconstante Élisabeth précipita d'Essex du poste envié où sa faveur l'avait placé ; alors Bacon paya son bienfaiteur de la plus noire ingratitude. Je n'approuve point le mot de lord Bolingbroke sur le duc de Marlborough : *C'était*, disait-il, *un si grand homme, que j'ai oublié ses vices ;* je dirai donc la vérité sans ménagement : Bacon fut ingrat, et, ce qui est pire, bas et cruel dans son ingratitude. Non-seulement il abandonna d'Essex, mais il se porta gratuitement son accusateur. Cette accusation, que le mépris public eût peut-être condamnée à l'oubli, les beaux ouvrages auxquels une juste Providence a permis qu'elle fût jointe, l'a condamnée à l'immortalité (*a*). C'est cette même Providence qui, chez nous, a aussi donné l'immortalité, mais cette fois pour récompense, à la défense de Fouquet par Pélisson, et à l'élégie des nymphes de Vaux par notre La Fontaine. Ainsi le génie se dresse à lui-même un indestructible échafaud, ou se tresse une inaltérable couronne.

Élisabeth rétribua mesquinement tant de bassesse : Bacon fut nommé greffier de la Chambre Étoilée, charge qui rapportait à peine 60 livres sterling. Cette grande reine, quoique peu généreuse elle-même, comme elle le montra bien

___

(*a*) On trouve cette accusation dans l'édition de 1765. On y trouve également une apologie de l'accusateur, sous ce titre : *Apologia Francisci Baconii adversùs quædam ipsi imputata in causâ comitis Essexiæ; scripta ad honoratissimum benignissimumque dominum suum comitem Devoniæ, vice-regem Hiberniæ.* Cette apologie ne convertit personne.

dans les procès de d'Essex et de Marie Stuart, ne savait récompenser que les actions généreuses. Bacon devait être plus heureux sous son successeur.

Le 24 mars 1603, Jacques VI, roi d'Écosse, monta sur le trône d'Angleterre, qu'il occupa sous le nom de Jacques Ier. Bacon reçut presque aussitôt le titre de chevalier; c'est aussi à peu près vers cette époque qu'il épousa Alix Barnham, riche héritière, fille d'un alderman de la cité, qui ne lui donna pas d'enfant, et qui mourut vingt ans avant lui.

En 1605, il donna son traité *de Dignitate et de Augmentis scientiarum;* c'était la première partie du grand ouvrage qu'il avait entrepris pour la restauration universelle des sciences.

En 1607, il fut enfin nommé solliciteur général, place depuis long-temps l'objet de son ambition, et qu'il avait demandée avec instance.

Son infatigable génie suffisait à tout; les affaires publiques semblèrent même lui donner une nouvelle fécondité. En 1610, il publia son traité *de la Sagesse des anciens.* C'est une explication de la mythologie, qui porte, comme ses autres ouvrages, l'empreinte de son génie original et créateur.

Promu, en 1614, aux fonctions de procureur général, qu'il cumula avec celles de greffier, qu'il avait conservées, il jouit dès-lors d'une fortune qui favorisait son goût pour le faste et la dépense, sans toutefois lui préparer des ressources pour le temps de la disgrâce, si ce temps arrivait. Mais comment eût-il pu prévoir alors une disgrâce ? tout lui souriait : la question de savoir si le procureur général, que ses fonctions obligeaient à un service assidu dans la Chambre des Pairs, pouvait prendre séance à la Chambre des Communes, venait d'être décidée de la manière la plus flatteuse pour lui : le Parlement, quoique mécontent du ministère, et tout en établissant le principe de l'incompatibilité, avait fait une exception en faveur de Bacon, *pour cette fois seulement*, disait la décision, *et sans tirer à conséquence.*

Enfin il ne restait plus au nouveau procureur général qu'un pas à faire pour arriver au premier poste de la magistrature, que son père avait honoré par ses vertus. Ce dernier pas, il le fit le 7 mars 1617, où il fut nommé garde du grand sceau à la place d'Égerton, dont il obtint la démission à force d'intrigues. Deux ans après, il y joignit la qualité de lord grand chancelier, avec le titre de baron de Verulam, qu'il rehaussa l'année suivante de celui de vicomte de Saint-Alban.

Quand on voit Jacques Ier combler Bacon d'honneurs, on se demande si c'est bien le fils de Marie Stuart qui récompense ainsi le panégyriste (a) d'Élisabeth, et l'instrument volontaire de la rigoureuse politique de cette reine : mais il faut savoir que ce prince, cependant si jaloux de paraître ne tenir son droit que de sa naissance, croyait avoir obligation de sa couronne au testament d'Élisabeth; il se piquait d'ailleurs d'avoir succédé non-seulement au trône, mais encore au génie et aux grandes vues de cette femme illustre : vanter celle-ci, c'était vanter indirectement son prétendu continuateur. Il paraît que Bacon avait pénétré le secret de la vanité de son maître.

Au reste, la conduite politique de Bacon fut constamment dirigée par le désir qu'il avait de conserver les faveurs de la cour. Créature de Buckingham, il scellait sans difficulté les édits et lettres-patentes qui ordonnaient ou sanction-

____

(a) Bacon a composé, sous Jacques Ier, un panégyrique éloquent d'Élisabeth, où il a soin de passer sous silence la mort du comte d'Essex et de Marie Stuart.

naient les vexations de ce favori. Si parfois il remontrait qu'elles étaient contraires aux lois et au bien public, ses représentations, trop faibles et trop timides, et toujours accompagnées de ménagemens pour la cour, n'avaient point d'effet. Placé, pour ainsi dire, sur les frontières de l'autorité royale et de la liberté publique, il abandonna presque toujours le poste d'honneur que la Providence lui avait confié; et s'il ne fut pas le promoteur des entreprises que la prérogative royale faisait de jour en jour sur la liberté, il les souffrit du moins, et y conniva avec trop de faiblesse.

Les succès de l'ambition ne faisaient pas perdre de vue à Bacon la grande entreprise de la restauration des sciences, à laquelle il avait attaché sa gloire, et dans laquelle il aurait dû chercher aussi son bonheur. Il en publia la seconde partie en 1620, sous le titre de *Novum Organum* ou Nouvel Organe intellectuel, nom emprunté de l'*Organum* ou Logique d'Aristote. Il avait mis douze ans à composer cet ouvrage, qui paraît être celui qu'il a le plus travaillé.

Cependant le nouveau chancelier, dont toute la politique consistait dans un dévouement aveugle à la prérogative royale, professait partout les principes d'une vertu fastueuse, que démentaient ouvertement ses actions; il était un luxe dont la médiocrité de son patrimoine donna l'idée de rechercher la source : la voix publique l'accusait de vendre la justice. Enfin, le 12 mars 1621, la Chambre des Communes nomma des commissaires pour examiner sa conduite : l'information établit sa culpabilité avec tant d'évidence, qu'il fut obligé d'en faire lui-même l'aveu formel dans l'interrogatoire qu'il subit à la barre.

On raconte que, pendant l'instruction de son procès, passant un jour dans une chambre où ses nombreux domestiques étaient assis, ils se levèrent à son aspect; sur quoi il leur dit : « Asseyez-vous, Messieurs; les honneurs que vous me rendez me coûtent trop cher; ils sont le *principe* de ma chute » : grande leçon pour les glorieux, toujours désabusés trop tard! Toutefois on est fâché de voir que le chef de la magistrature d'un grand peuple n'eût pas donné à son ambition un mobile plus digne de son génie et de sa toge. Malheureusement ce n'est pas le seul exemple de ce genre qu'offre la magistrature : chez nous plus d'un Tuffières a porté la simarre des Lamoignon et des d'Aguesseau ; et l'absence du génie n'a pas rendu ce contraste moins ridicule, quand il n'était pas odieux.

Réduit à implorer la commisération de ses juges, Bacon les trouva inexorables, et se mit à leur discrétion. Ils le condamnèrent à une amende de 40,000 liv. sterl., à être détenu dans la tour de Londres le temps qu'il plairait au roi, le déclarèrent incapable de toutes fonctions publiques, et le dépouillèrent de la pairie et de tous ses priviléges, avec défense d'approcher jamais de la résidence de la cour; en un mot, Bacon fut traité comme un criminel de lèse-majesté. Mais Jacques le rendit bientôt à la liberté, et lui fit remise de l'amende, dont ses profusions ne lui avaient pas laissé le moyen d'acquitter la plus légère partie; il lui accorda même des lettres d'abolition, et paraît avoir regretté ses services. On raconte que, dans une circonstance embarrassante, Jacques se prit à dire : *Plût à Dieu que Bacon fût encore mon chancelier, il m'aurait bientôt tiré de ce mauvais pas!* Il est vraisemblable que ce prince regrettait plus la complaisante flexibilité du ministre que le génie de l'écrivain ; sa ridicule et pédantesque érudition ne lui permettait pas d'apprécier celui-ci, dont il faisait fort peu de cas : à ses yeux le plus grand philosophe des temps modernes n'était qu'un rêveur !

Depuis sa disgrâce, Bacon vécut dans la retraite et dans un état voisin de la misère. Bayle rapporte que, peu avant de mourir, il écrivit au roi pour lui demander des secours, *de peur qu'il ne fût réduit*, disait-il, *à porter la besace ; et que lui, qui ne souhaitait plus de vivre que pour étudier, ne fût contraint d'étudier pour vivre.*

En effet, l'amour de l'étude ne l'avait point abandonné avec ses grandeurs : cet amour fut sa consolation dans l'adversité, et paraît avoir enfin rappelé dans cette âme agitée le repos et toutes les vertus, compagnes de la modération, et qui devraient toujours l'être aussi du génie.

Naturellement religieux, quoique distrait des pratiques du culte par l'ambition, et peut-être par la hardiesse de ses opinions philosophiques, Bacon a toujours respecté dans ses écrits les dogmes de l'Église anglicane : la crainte de déplaire à Jacques Ier, qui poussait la piété jusqu'à la superstition, lui avait sans doute commandé cette réserve. Devenu malheureux, Bacon revint sincèrement aux croyances de sa jeunesse ; et son style y puisa une onction nouvelle. C'est sans doute alors qu'il composa cette prière que l'on trouve dans le recueil de ses œuvres, et qu'il avait coutume de dire avant de se mettre au travail (*a*). C'est aussi à cette époque que Bacon écrivit la profession de foi que l'on trouve également dans ses œuvres, avec quelques ouvrages de controverse. Elle semblerait prouver qu'il avait fait par lui-même l'épreuve de ce qu'il dit dans un de ses traités : (*b*) *La philosophie, tant qu'on ne l'a goûtée que du bout des lèvres, éloigne de Dieu par l'importance exagérée qu'elle prête aux causes secondes; mais, quand on l'a totalement épuisée, elle finit par y ramener.* Et dans ses Essais de morale et de politique : (*c*) *Un peu de philosophie naturelle donne du penchant à l'athéisme; une science plus profonde ramène à la religion.*

(*a*) M. de Châteaubriant rapporte, dans son *Génie du Christianisme*, 5ᵉ édition, tome III, page 64, cette circonstance, que je n'ai trouvée nulle part ailleurs.

(*b*) *Philosophiam primoribus tantùm labiis degustatam à Deo abducere, utpotè quæ causas secundas ultra debitum magnificaret; philosophiam autem planè haustam ad Deum reducere.*

(*c*) *Parùm philosophiæ naturalis homines inclinare in atheismum; et altiorem scientiam eos ad religionem circumagere.*

Bacon mourut d'un excès de travail à Highgate, chez le comte d'Arundel, à l'âge de soixante-six ans, le 9 avril 1626, un an après la mort de Jacques Ier, laissant un testament qui finit par ces mots : *Je lègue mon nom et ma mémoire aux nations étrangères ; car mes concitoyens ne me connaîtront que dans quelque temps.*

De son vivant, il avait été l'objet de l'admiration de plusieurs illustres étrangers. Bayle rapporte que, lorsque le marquis d'Effiat accompagna à Londres la princesse Henriette-Marie, épouse de Charles Ier, il alla voir Bacon, qui, étant malade, le reçut dans son lit, les rideaux fermés ; ce qui fit dire aux marquis d'Effiat : *« Vous ressemblez aux anges ; nous les croyons d'une espèce supérieure à la nôtre ; nous entendons souvent parler d'eux, et nous n'avons jamais la consolation de les voir. »*

Bacon était d'une moyenne taille, avait le front large, découvert, et marqué, avant le temps, de l'empreinte de l'âge : ses yeux étaient vifs et pénétrans, et ses dehors prévenaient en sa faveur.

Une grande partie des ouvrages de Bacon est le fruit des loisirs de sa retraite, c'est-à-dire d'environ quatre années de travail ; mais on sent qu'ils ont été préparés par les méditations de toute sa vie.

Les principaux sont :

Sylva sylvarum, ou les Phénomènes de la nature;

Scala intellectûs, ou l'Échelle de l'entendement humain;

Les Anticipations philosophiques;

La Nouvelle Atlantide (a), ou la Philosophie seconde, qui n'est pas terminée;

L'Histoire de Henri VII, roi d'Angleterre;

Les Essais de morale et de politique;

Un Traité des vents;

L'Histoire de la vie et de la mort.

Quelques-uns de ces ouvrages, écrits en anglais, ont été traduits en latin par Bacon lui-même; d'autres l'ont été par des tiers, sous ses yeux.

Quant à ses travaux politiques et judiciaires, ils datent presque tous de son ministère, qui n'a pourtant duré que trois ou quatre ans : ils sont en assez grand nombre pour étonner la

---

(a) Ce traité et les trois précédens composent, avec le *de Augmentis scientiarum* et le *Novum Organum*, le grand ouvrage *de la Restauration universelle des sciences*, que Bacon avait entrepris dès sa jeunesse.

paresse des hommes d'État de nos jours. Ce sont, pour la plupart, des projets de réforme exclusivement applicables à la législation anglaise : sous ce rapport, ils sont de peu d'intérêt pour nous, quelque grandes que soient les vues qui y sont développées; et on ne les lit guère que pour apprendre à mieux connaître ce génie réparateur, dont l'idée fixe était la restauration de tout ce qu'il touchait.

Ce n'est pas ici le lieu de nous étendre sur le mérite supérieur des œuvres philosophiques de Bacon : on juge aisément quel rang doit tenir parmi les philosophes un homme qui compte entre ses disciples Gassendi, Newton, Locke, Condillac, etc.; dont l'Encyclopédie a seule égalé l'universalité, et peut-être encore parce qu'il a fourni le plan de cet immense ouvrage. Il n'a de rival chez les anciens qu'Aristote; mais ce qui le distingue des anciens et des modernes, c'est une inconcevable passion pour la science, qui le travaille et le tourmente sans cesse : il n'attend pas que le vaste dessein dans lequel il a tout compris soit achevé; il ne peut contenir l'ardeur qui le dévore; il se hâte de déposer ses conceptions sur le papier, et se presse de les mettre au jour, de peur que la mort ne vienne le surprendre, et n'en dérobe à lui la gloire, et au genre humain la jouissance.

Ces vives inquiétudes du génie sont exprimées avec une naïveté sublime dans cette préface dont Bacon accompagna la première publication du *Novum Organum*. Nous ne pouvons mieux finir que par ce morceau remarquable ; c'est proprement une adresse à la postérité.

« Voici ce que François de Verulam a conçu ;
« et tel est le but qu'il s'est proposé, qu'il croit
« ses contemporains et la postérité intéressés à
« le connaître.

« Convaincu que l'esprit humain se crée à lui-
« même des embarras, et ne fait pas un usage
« modeste et commode des véritables auxiliaires
« qui sont à sa disposition ; que de là vient l'igno-
« rance de beaucoup de choses, qui entraîne
« une infinité de maux, il a jugé qu'il devait
« réunir tous ses efforts pour s'assurer s'il n'y
« aurait pas un moyen de rétablir entièrement,
« ou du moins de renouer entre la nature et la
« pensée ce commerce, qui n'a presque rien
« de comparable sur la terre, au moins parmi
« les choses terrestres ; car il était loin d'espérer
« que les erreurs qui se sont accréditées et celles
« qui s'accréditeront jusqu'à la fin des siècles,

« pussent être réformées par l'esprit humain aban-
« donné à lui-même, à ses propres forces, aux
« secours et aux adminicules de la dialectique.

« En effet, ces premières notions des choses
« que l'esprit reçoit sans peine et comme en
« dormant, qu'il serre et entasse, et d'où déri-
« vent toutes ses autres opinions, sont vicieuses,
« confuses et dues à des abstractions hasardées :
« il ne règne pas moins de caprice et d'incons-
« tance dans les conséquences qu'il en tire ; d'où
« il arrive que toute cette science humaine dont
« nous nous servons pour l'investigation de la
« nature, mal composée et mal construite, res-
« semble à une masse imposante sans fondemens :
« aussi, pendant que les hommes admirent et
« vantent les forces imaginaires de l'esprit, ils
« oublient et perdent les forces réelles qu'il au-
« rait si on ne lui refusait pas les auxiliaires
« dont il a besoin, et si son impuissance, au lieu
« d'insulter à la nature, en subissait le joug.

« L'unique remède était de tout refaire, à
« l'aide d'une meilleure méthode, de manière à
« opérer l'entière restauration des sciences, des
« arts, et de toutes les connaissances humaines,
« en reprenant l'édifice par les fondemens.

« Cette entreprise paraîtra peut-être avoir

« quelque chose d'illimité, qui surpasse des
« forces mortelles, et pourtant l'exécution prou-
« vera qu'elle est plus raisonnable et plus mo-
« deste que tout ce qu'on a fait jusqu'ici. En
« effet, elle a du moins une issue quelconque,
« tandis que, dans les divagations actuelles des
« sciences, il n'y a qu'agitation perpétuelle; c'est
« un cercle qui tourne constamment sur lui-même.
« Vérulam ne s'est pas dissimulé dans quel iso-
« lement se trouve quiconque forme une telle
« entreprise, quels obstacles et quelle incrédu-
« lité il faut qu'il surmonte pour se concilier la
« confiance; néanmoins, il n'a pas cru devoir
« renoncer à son dessein, ni s'abandonner lui-
« même, avant d'avoir trouvé la seule route ou-
« verte à l'esprit humain, et d'y avoir fait les pre-
« miers pas : car il vaut mieux commencer une
« chose qui peut avoir une fin, que de s'embar-
« rasser avec une ardeur et des efforts continuels
« dans un travail qui n'en saurait avoir aucune.
« Les voies de la philosophie contemplative res-
« semblent assez à ces deux voies de la philoso-
« phie pratique souvent citées : l'une, escarpée
« et difficile au commencement, aboutit à une
« plaine; l'autre, au contraire, présente à son
« entrée une pente douce et unie, mais con-

« duit à des lieux inaccessibles et à des pré-
« cipices.

« Vérulam, incertain si jamais une telle en-
« treprise viendra à la pensée de quelque autre,
« et déterminé surtout par cette réflexion, qu'il
« n'a trouvé jusqu'ici personne qui ait arrêté
« son attention sur des idées semblables, s'est
« décidé à publier de ses premiers travaux tout
« ce qu'il a pu achever. Ce n'est point l'am-
« bition qui le fait se hâter ainsi, mais l'inquié-
« tude; il veut, s'il lui survient quelques-uns
« de ces accidens auxquels l'humanité est su-
« jette, laisser après lui quelques linéamens qui
« indiquent le plan et le but de l'entreprise
« qu'il a conçue, et qui restent aussi comme un
« monument de ses louables intentions et de
« son zèle pour les vrais intérêts du genre hu-
« main. Il est convaincu qu'aucune autre gloire
« n'est comparable à celle d'avoir formé une
« telle entreprise; car cette entreprise, ou n'est
« rien du tout, ou est quelque chose de si
« grand, qu'il doit se contenter de l'honneur
« qu'elle lui fait, et ne pas chercher ailleurs
« sa récompense. »

DISCOURS PRÉLIMINAIRE.

Les jurisconsultes, implorant du secours, nous avertissent assez de toutes parts, si nous sommes attentifs à leurs signaux réitérés, qu'il manque quelque chose à la jurisprudence.

Les jeunes gens, dès leur entrée dans cette science, promenant çà et là leurs regards, demandent un guide ; ceux qui portent le flambeau devant eux dans ce labyrinthe, les précédant seulement de quelques pas, ne leur montrent que des sentiers tracés à peine, mais non frayés ; ils avouent même ouvertement qu'ils ne répondent pas que leurs élèves, lorsqu'ils auront appris à feuilleter les livres, n'écartent les épines sans les arracher, et ne finissent par s'abandonner à la première lueur qui pourra s'offrir.

De là résulte une sorte de découragement qui ne sert que trop bien la paresse : aussi les écoles sont désertes ; et, frappé de stérilité, l'enseignement est tombé dans le mépris ; puis, ceux que les devoirs d'une position supérieure appellent aux affaires, se hâtent d'attribuer à l'art les imperfections de ceux qui l'exercent, ne font nul cas d'une profession qu'ils connaissent mal, et se plaignent de la perte d'un temps

précieux. Enfin, les fruits de cette malheureuse étude
sont la discordance dans les opinions, des jugemens
toujours inattendus, des garanties imparfaites, peut-
être même quelquefois des remèdes pires que le mal,
la méfiance entre les citoyens, l'audace exaltée par
l'espérance ; en un mot, une paix sans sécurité.

La sagesse des législateurs semblait promettre
d'autres résultats. Comment la vertu a-t-elle à ce
point perdu sa considération? qui a ainsi condamné
les esprits à la torture? le voici : la jurisprudence a
éprouvé le sort de presque toutes les sciences mo-
rales ; lorsque, pressées par les nécessités humaines,
elles ont réclamé les remèdes que l'urgence du mal
ne permettait pas de différer, on a laissé au temps le
soin de cicatriser leurs plaies comme il pourrait.
Ainsi l'art a précédé la science, dont, au contraire,
elle aurait dû naître (1). La racine du mal, seulement
recouverte, s'est rouvert de nouvelles issues, que
sont encore venues recouvrir d'autres cicatrices. Personne ne s'est alors avisé de remonter à l'erreur première dont on était déjà séparé par un long intervalle, et qui avait fait confondre les causes et les
principes des choses. On a cherché la science dans
ce qu'on avait sous les yeux, et, par un monstrueux
enfantement, une fille a mis au jour sa mère.

Ainsi, lorsqu'il fut question de fonder à Rome la
société civile, et de lui donner la constitution la
plus propre à faire prospérer une république, on ne

vit rien de mieux que d'aller chercher des modèles chez des nations étrangères. Tel fut l'artifice à l'aide duquel on fit les lois; mais, lorsque le moment de les sanctionner fut venu, leur iniquité surgit avec tant d'évidence, que leurs serviles partisans eux-mêmes firent de vains efforts pour s'aveugler et pour charger de chaînes la nature rebelle; ils ne purent dissimuler la vérité : seulement, comme on avait juré de ne pas retrancher une syllabe de la loi, ils en détournaient le sens par des interprétations forcées et en la revêtant de couleurs étrangères : ils ne portaient de bonne foi que dans les matières où la loi était muette; encore, dans ce cas, s'en rapportaient-ils tout uniment à la première opinion d'un homme de bon sens, incapables qu'ils étaient de s'assurer de la vérité par une méthode sûre. De là ces recueils de lois si volumineux, que Justinien se fit conscience de laisser les magistrats gémir plus long-temps sous ce pesant fardeau. Voilà la source de la confiance aveugle que nous accordons à ce qu'on a écrit et fait avant nous; indice irrécusable d'un esprit flottant, qui s'accroche où il peut.

Justinien sentit toute l'étendue du mal, mais il ne connut pas sa première origine, et toute son histoire. N'ayant d'autre moyen de reconnaître la vérité que les opinions des jurisconsultes, et remarquant que ces opinions faisaient le tourment des esprits, tant à cause de la difficulté du choix à faire parmi elles

qu'à cause des contradictions de toutes espèces
qu'elles présentent, il aplanit ces obstacles, ren-
ferma dans un espace assez court ce dont il avait
fait choix, et fit disparaître les contradictions ; de
ce qui n'avait été jusqu'alors qu'une opinion, il fit
une loi : or ce n'est pas ainsi qu'il faut s'y prendre, à
beaucoup près, pour faire les lois. Mais ceci est du
ressort de l'art, et il n'y a qu'une bonne méthode
qui puisse l'apprendre ; je passe donc outre.

Il est évident que notre jurisprudence est atteinte
de la même maladie : des recueils plus volumineux,
des opinions plus discordantes, un choix plus difficile à faire, des études plus mal dirigées n'ont pas
produit ces ténèbres que Justinien n'a pu prévenir.
Cependant l'esprit humain s'irrite et se débat contre
ses chaînes, condamné à ne trouver de repos que
dans la vérité, lorsqu'il sera bien sûr de la tenir et
qu'elle lui donnera des fruits d'une application utile
à l'humanité.

Toutefois n'accusons point la société de l'état d'imperfection dans lequel est notre jurisprudence ; c'est
aux jurisconsultes, et aux jurisconsultes seuls qu'il
faut s'en prendre. Leur devoir était de remonter à la
source d'erreurs qui étaient leur ouvrage, de rendre
à la science les seuls ornemens qui lui conviennent ;
c'était à eux d'entraîner l'autorité publique par le
poids de la vérité et l'attrait d'une évidente utilité.

Il a existé chez nous un homme, Charles du

Moulin (2), à qui le commun suffrage défère encore aujourd'hui la palme dans cette carrière. Voyant la jurisprudence près de succomber, accablée sous le joug pesant de la tradition, et qu'il n'était pas plus permis de désapprouver les maximes consacrées par plusieurs autorités que d'approuver celles qui n'é- taient protégées par aucune, cet homme osa prendre l'essor du milieu de ses contemporains étonnés, et se rapprocher du soleil pour l'observer de plus près, rappelant ses semblables au sens intime et à cette lumière naturelle qui est née avec nous. Toutefois il ne découvrit point encore les sources de la vérité, il crut avoir assez fait en apercevant et faisant voir aux autres celles du droit public; du reste, il ne fit rien pour la science elle-même ni pour la recherche de la vérité; aussi est-il devenu à son tour le chef d'une tradition nouvelle. Or une tradition, quelle qu'elle soit, sera toujours infidèle et ne donnera aux hommes qu'une paix inquiète.

De là sont sorties tant de rubriques déshonorantes pour l'art, puisque, hors les cas pour lesquels elles ont été faites et transportées à d'autres, elles seraient du plus grand danger. Tel est cet adage, *excès de justice est excessive injustice* (a), que l'expérience ne confirme que trop, quoiqu'il soit évidemment im-

______

(a) *Summum jus, summa injuria.*

possiblé d'être à la fois et de ne pas être, et que la justice ne puisse coexister avec l'injustice.

Bacon fit un pas de plus ; en mesurant et distribuant le vaste champ des connaissances humaines, il ne se laissa imposer par aucun nom ; aucune autorité ne lui fit illusion, et pourtant lui-même n'a pas connu tout l'excès de notre indigence. Tranquille sur la solidité des fondemens, il a bien montré de quelles augmentations et de quels embellissemens l'édifice était susceptible ; mais il nous a laissé ignorer par quels moyens il était possible de le rebâtir, alors qu'il posait sur un sol ruineux.

Les choses restèrent dans cet état jusqu'au temps de Descartes (3), qui, suivant moi, n'est nulle part plus admirable que quand il montre le chemin qui conduit à la vérité, et nulle part plus utile que quand il expose sa méthode. Sans doute on ne peut le compter au nombre des jurisconsultes ; mais quelle science ne lui a des obligations, soit qu'il rappelle l'homme à lui-même et au sens intime, s'arrêtant au point où une constante méditation avait conduit Socrate à dire *qu'il ne sait rien* ; soit qu'il nous avertisse que tout assentiment que n'arrache pas l'évidence est téméraire ? Le cartésianisme, qui avait pour ainsi dire refait l'entendement humain, étendit à tout son influence ; le Barreau lui-même rougit de l'enfance dans laquelle il avait veilli ; la raison reprit son empire, et cet empire nous donna la vérité. Tel fut le service que rendit

à la jurisprudence cet illustre philosophe, dont le
nom vit et vivra éternellement au Barreau. Voulez-
vous savoir quel artifice il emploie pour entraîner
les esprits, quel fut son tonnerre, où il prit les éclairs
qu'il fit luire à tous les yeux, soyez attentifs, et vous
le verrez interrogeant les entrailles mêmes de la nature, puisant sa force dans la vérité mise à nu, et
vous reconnaîtrez qu'il lui a suffi de dissiper les
nuages qui l'obscurcissaient, et de rendre à chaque
chose sa couleur. La vérité fut son tonnerre; il en fit
sortir ces divins éclairs auxquels l'esprit humain ne
peut résister, et qui lui procurent, avec les plus
vives jouissances, un imperturbable repos.

Il faut pourtant en convenir, la jurisprudence ne
gagna presque rien à cette révolution, si l'on en ex-
cepte un moyen de contrôle très-puissant pour détruire, impuissant pour édifier, et, partant, d'une
utilité médiocre, si même il n'est nuisible, puisqu'il dissipe nos illusions et nous fait rougir de
notre misère en nous la montrant. Nos chaînes nous
meurtrissaient; mais en nous meurtrissant elles nous
procuraient une paix telle quelle. La vague fluctua-
tion de l'esprit humain a besoin d'être arrêtée, et
son impétuosité contenue par des digues fictives,
quand il n'en existe pas de réelles. Le fait le prouve:
les obstacles n'ont pas été plus tôt renversés, grâces
à l'affaiblissement de l'autorité, qu'on a proclamé le
triomphe de la raison sur l'expérience; dès lors, au-

cune vérité n'est demeurée incontestable, tout a été remis en question, et il semble qu'on ait dit au peuple : Si quelqu'un d'entre vous médite une iniquité, qu'il plaide, il a tout à espérer d'un combat judiciaire; mais, s'il a pour lui la bonne foi, qu'il se hâte de terminer son procès à l'amiable.

Quoi donc! la condition des hommes est-elle si malheureuse, qu'ils ne puissent aspirer à rien de bien tant qu'ils ne voient pas les erreurs dans lesquelles ils sont, et qu'ils ne puissent revenir à la vérité quand ils les ont vues? Pourtant, s'il existe une vérité, il existe aussi un chemin qui y conduit, et ce chemin ne doit pas être entièrement impraticable aux hommes. Non, sans doute; mais plus nous nous sommes égarés, plus le retour est difficile.

Entrés dans une fausse route, une fois au moins sachons en sortir et prendre la bonne. Profitons des avis de Descartes, retournons au point d'où nous sommes si témérairement partis; et si nous n'arrivons pas à la vérité, au moins ne resterons-nous pas dans l'erreur. Bientôt nous nous ouvrirons une route nouvelle, à l'instar des enfans, qui se méfient de tout ce qui les environne la première fois qu'ils appuient leurs pieds sur le sol. Le sens intime nous fournira nos premiers principes; cependant ne lui accordons pas une confiance illimitée, car l'imperfection de nos yeux peut lui faire illusion. Nous reconnaîtrons qu'un principe a indubitablement le caractère requis dans un axiome, à l'éclat de ses rayons, lorsqu'il n'y aura personne d'un esprit si épais que ses yeux n'en soient éclairés ; et ne craignons pas que de tels principes nous manquent et nous laissent errer à l'aventure. Ce n'est point une convention humaine, ce ne sont point des mots, ce n'est point le hasard qui a séparé le juste de l'injuste, ce qui est utile de ce qui est nuisible ; le sens intime démontre assez que tous moyens ne sont pas bons pour remplir le but proposé de donner une base plus solide au pacte sacré en vertu duquel les hommes civilisés vivent en frères. Nous n'avons donc qu'une chose à craindre, c'est de nous écarter de la vraie route. Or, pour nous y maintenir, il suffira d'un ou deux de ces axiomes dont la racine féconde pousse des rejetons qui se plient à chaque circonstance présente, pourvu que trop de précipitation ne nous entraîne pas témérairement dans des régions inconnues.

Non qu'il entre dans ma pensée de conseiller le rejet de tous les matériaux que les savans ont accumulés à grand'peine ; je veux seulement qu'on les mette de côté, comme choses à revoir et dont on pourra se servir, si elles sont susceptibles d'être adaptées aux fondemens posés par la nature elle-même ; mais je ne veux pas qu'on nous impose le joug de la tradition avant que quelqu'un nous ait appris jusqu'où doit s'étendre son influence, quelle est sa place, d'où lui vient son autorité et comment on peut la concilier avec la raison : car la voix de la nature et de la raison est et sera toujours la plus forte auprès des hommes sages; je dis mieux, elle est la seule qu'ils voudront écouter. La règle des pythagoriciens, *le maître l'a dit*, est oppressive, et exerce un empire tyrannique sur les esprits qu'elle asservit. Mais toute innovation est suspecte de témérité et d'imprudence : soit; mais au moins il faut éclaircir ce soupçon. Qu'est-ce que je prétends? que le temps n'autorise nullement les erreurs anciennes. Il est utile, si je ne me trompe, de savoir en quoi elles s'écartent de la vérité et comment on pourrait les y ramener : or, le souverain auteur de toutes choses a mis dans l'homme un jugement libre, que rien ne peut fléchir, et qui ne se soumet volontairement qu'à la vérité; quoi que vous fassiez, jamais vous ne trouverez à l'homme un guide plus sûr qu'une conscience suffisamment éclairée.

Au reste, si quelqu'un est plus avancé que nous dans cette voie, qu'il nous fasse connaître enfin les élémens de la science qui nous ont manqué jusqu'ici. Or par élémens j'entends une collection de principes avec leurs corollaires, principes qui, partant du doute de Descartes, nous conduisent, à l'aide d'une continuelle persuasion, en suivant la vraie chaîne des idées jusqu'à l'endroit où nous avons besoin d'être conduits, pour qu'ensuite nous puissions faire le reste du chemin sans le secours de personne. On nous présente le livre des *Institutes !*... Ses auteurs ne se sont pas trompés lorsqu'ils l'ont appelé *Institutes*, et non pas *Élémens* (4). En effet, j'y vois bien la façade d'un édifice, avec ses divisions principales et la distribution de ses différentes parties, mais personne ne m'apprend d'où ont été tirés les matériaux, et quels procédés on a employés pour les disposer ainsi; cependant l'on veut que nous y puisions la connaissance de l'art. Qu'on nous donne donc, non point un recueil de décisions diverses (car le tort est précisément de puiser les principes dans les décisions, et non les décisions dans les principes), qu'on nous donne une série de principes bien enchaînés, qui, de points évidens et par des conséquences non moins évidentes, liant l'inconnu au connu, nous conduisent à la lumière.

Il semble que, dans ces derniers temps, quelques écrivains aient senti notre indigence à cet égard, à en juger par les titres de leurs ouvrages, qui annoncent l'exposition des premiers principes du droit naturel et de l'esprit des lois. Je ne veux rien ôter à leur mérite, mais l'on va juger s'ils ont satisfait au vœu que nous venons d'exprimer. Est-il sorti de leurs écrits une lumière plus pure? ont-ils soustrait la science aux discussions? en ont-ils résolu les problèmes? Non, certes; au lieu d'étudier nos mœurs et nos rapports sociaux, ils s'occupent de choses qu'il est impossible de savoir, ou de choses tout-à-fait inutiles, comme si la vérité leur avait été révélée; et, seuls témoins de cette prétendue révélation, ils forgent de vains fantômes qui ressemblent aux rêves d'un malade, et n'ont ni pieds, ni tête (a).

Cela posé, ne me sentant pas la force de mieux faire, j'ai pensé que je ferais au moins une chose utile à la justice et à la société, si je tirais de l'oubli cet opuscule tel que Bacon nous l'a donné. Beaucoup de gens vantent le génie de Bacon, et peut-être très-peu le connaissent. La variété des sujets qu'il a traités est telle, qu'à chaque pas son lecteur se croit sur un sol étranger. Toutefois, je ne donne pas ce petit livre comme pouvant apaiser la soif que j'ai voulu exciter, mais comme l'essai d'un esprit supérieur; je dis plus, comme un supplément à ce qui nous manque. On y verra ce qu'un audacieux mais religieux investigateur de la vérité a senti et aperçu au milieu des ténèbres épaisses de son siècle.

(a) *Velut ægri somnia, vanæ*
Finguntur species, ut nec pes, nec caput uni
Reddatur formæ.

HORAT., *de Arte poeticâ.*

NOTES

DU DISCOURS PRÉLIMINAIRE.

——

(1) Je ne crois pas que l'auteur de ce discours, qui, à coup sûr, était homme d'esprit et de talent, ait voulu dire que la *théorie* aurait dû précéder la *pratique*. Si telle était sa pensée, il aurait bien peu profité de la lecture du grand ouvrage de Bacon d'où sont tirés les aphorismes sur la justice universelle. Pour bien entendre ce passage, il faut ne pas perdre de vue le sens rigoureux des mots qu'emploie l'auteur : la *pratique*, c'est ce qui se fait; l'*art*, la théorie de ce qui se fait; la *science*, la théorie de ce qui devrait se faire. L'auteur a donc raison de dire que l'*art* aurait dû naître de la *science* et non la *science* de l'*art*; ce qui n'empêche pas que la *pratique* ait précédé et dû précéder et l'*art* et la *science*.

Au reste, on voit dans ce discours que l'auteur, préoccupé de la doctrine de Descartes sur les idées innées et le sens intime, y puise le principe de toute évidence. Ce n'est pas ici le lieu d'examiner si ce système est fondé; mais, soit qu'on l'adopte, soit qu'on y substitue celui de Locke et de Condillac, on ne peut qu'applaudir aux excellentes vues de l'auteur sur l'application des méthodes philosophiques à la science du droit.

Quant au style de ce discours, quelques traces de mauvais goût en déparent le mérite sans le détruire; je ne me suis pas cru autorisé à y rien changer.

(2) Charles du Moulin naquit à Paris, vers la fin de 1500, de Jean Dumoulin, avocat au parlement, et de Perrette

3

Chaussidon, dans les bâtimens du Palais, où habitait son père. Sa famille était noble; on prétend même qu'il était parent d'Élisabeth, reine d'Angleterre, par Anne de Boulen, mère de cette princesse. Une sorte de bégaiement, dont il ne put jamais se débarrasser, l'empêcha de réussir dans la plaidoirie; il y renonça pour se consacrer exclusivement au professorat et à la consultation, où il acquit une célébrité européenne. Obligé de s'expatrier plusieurs fois, par suite des tracasseries que lui suscita la faculté de théologie, il erra long-temps dans diverses contrées de l'Allemagne et en Suisse. L'intolérance des calvinistes ne lui laissa pas plus de repos que celle des catholiques. Emprisonné à Lyon par ceux-là, il le fut ensuite par ceux-ci à Paris, où il obtint enfin, à la sollicitation de Simon Bobé, son gendre, des lettres patentes du Roi, qui le rendirent à la liberté. Il mourut à Paris, le 27 décembre 1566, âgé de soixante-six ans. Il avait été marié deux fois, et n'avait eu d'enfans que de son premier mariage.

Cette vie agitée n'empêcha pas du Moulin de composer un grand nombre d'ouvrages, qui ont été recueillis en 5 vol. in-folio, en 1681. Quelque grands que soient les éloges universellement donnés à du Moulin pendant sa vie et après sa mort, aucun n'a égalé celui qu'il était dans l'usage de se donner à lui-même. Ses consultations commençaient toujours ainsi : *Ego qui nemini cedo, et à nemine doceri possum.* — *Moi qui ne le cède à personne, et à qui personne ne peut rien apprendre...* Il se trompait : Socrate, qui disait n'avoir tiré d'autre fruit de ses études que *de savoir qu'il ne savait rien*, lui aurait appris la modestie. Les lecteurs qui désireront de plus amples détails sur la vie de ce célèbre jurisconsulte, n'ont qu'à lire l'éloge qu'en a fait M. le président Henrion de Pansay, en tête de son traité *des Fiefs*. du Moulin a trouvé dans ce savant et digne magistrat un juge éclairé plutôt qu'un panégyriste.

(3) Réné Descartes naquit à La Haye, en Touraine, le 31 mars 1596, d'une famille noble, originaire de Bretagne, et qui existe encore dans la ville de Loches, sous le nom de *de Marsay*, qui ne lui a point fait oublier le grand homme qui l'a illustrée. Descartes mourut en 1650. On sait assez l'influence qu'il a exercée sur le monde savant; ses titres à l'immortalité sont trop connus pour qu'il soit besoin de les rappeler ici.

(4) On ne peut disconvenir que ces reproches ne soient fondés : le livre des *Institutes* est plutôt un tableau synthétique de la législation romaine qu'un ouvrage élémentaire. Les principes n'y sont pas clairement posés, ni chacun en son lieu; ils n'y sont pas enchaînés, avec leurs conséquences, par des déductions analytiques, seule méthode qui satisfasse la raison en l'éclairant.

EXEMPLUM TRACTATUS

DE

JUSTITIA UNIVERSALI,

SIVE

DE FONTIBUS JURIS.

***

Qui de legibus scripserunt, omnes vel tanquam philosophi, vel tanquam jurisconsulti, argumentum illud tractaverunt.

Atqui philosophi proponunt multa, dictu pulchra, sed ab usu remota.

Jurisconsulti autem, suæ quisque patriæ legum, vel etiam romanarum, aut pontificiarum, placitis obnoxii et addicti, judicio sincero non utuntur, sed tanquam è vinculis sermocinantur.

ESSAI D'UN TRAITÉ

SUR LA

JUSTICE UNIVERSELLE,

OU

LES SOURCES DU DROIT.

AVANT-PROPOS (1*).

Ceux qui ont écrit sur les lois ont tous traité ce sujet ou en philosophes, ou en jurisconsultes.

Or, les philosophes mettent en avant beaucoup de propositions belles dans le discours, mais de peu d'usage dans la pratique.

Les jurisconsultes, au contraire, liés d'intérêt et d'affection chacun aux lois de sa patrie, ou même aux lois romaines, ou aux canoniques, ne font pas un libre usage de leur jugement; il semble qu'ils discourent du milieu des chaines.

Certè cognitio ista ad viros civiles pro-
priè spectat, qui optimè norûnt quid ferat
societas humana, quid salus populi, quid
æquitàs naturalis, quid gentium mores,
quid rerumpublicarum formæ diversæ,
ideòque possunt de legibus, ex principiis
et præceptis tam æquitatis naturalis quàm
politices, decernere.

Quàmobrem id nunc agatur, ut fontes
justitiæ et utilitatis publicæ petantur, et
in singulis juris partibus character quidam
et idea justi exhibeatur, ad quam particularium regnorum et rerumpublicarum leges probare, atque indè emendationem
moliri quisque, cui hoc cordi erit et curæ,
possit; hujus igitur rei, more nostro, exemplum in uno titulo, per aphorismos propo-
nemus.

Sans contredit, cette branche de nos connaissances est proprement l'affaire des hommes d'État. Ceux-ci savent parfaitement quelles choses comporte la grande société humaine, quelles le salut d'un peuple, quelles l'équité naturelle, quelles les mœurs des nations, quelles les formes diverses des gouvernemens, et partant peuvent apprécier les lois d'après les principes du droit naturel et les préceptes de la politique.

C'est pourquoi nous voulons ici remonter aux sources de la justice et de l'utilité publique, et faire sortir de chaque partie du droit une idée du juste, et comme un type qui puisse servir à la révision des lois particulières de chaque royaume, de chaque république, et ensuite à leur réformation, quand il se trouvera quelque âme forte curieuse de l'entreprendre. Tel est le but de l'Essai que nous allons, suivant notre usage, donner en un seul titre, sous la forme d'aphorismes.

PROOEMIUM.

APHORISMUS I.

In societate civili, aut lex, aut vis valet. Est autem et vis quædam legem simulans; et lex nonnulla magis vim sapiens, quàm æquitatem juris. Triplex est igitur injustitiæ fons : vis mera; illaqueatio malitiosa prætextu legis; et acerbitas ipsius legis.

INTRODUCTION.

APHORISME 1.

Dans la société civile, c'est ou la force ou la loi qui prévaut(*a*). Il est pourtant telle force qui singe la loi, et telle loi qui sent la force plus que l'équité.

Il y a donc trois sources d'injustices : la force nue, la perfide piperie couverte du manteau de la loi, et l'aspérité de la loi elle-même.

(*a*) Le traité des Délits et des Peines, de Beccaria, commence à peu près de même : *Parmi les hommes réunis*, dit-il, *il s'exerce un effort continuel qui tend à placer dans une partie de la société toute la puissance et tout le bonheur, et dans l'autre toute la misère et toute la faiblesse. L'effet des bonnes lois est de s'opposer sans cesse à cet effort.*

II.

Firmamentum juris privati tale est :

Qui injuriam facit, re utilitatem aut voluptatem capit, exemplo periculum. Cæteri utilitatis aut voluptatis illius participes non sunt, sed exemplum ad se pertinere putant.

Itaque facilè coeunt in consensum, ut caveatur sibi per leges, ne injuriæ per vices ad singulos redeant. Quod si ex ratione temporum et communione culpæ, id eveniat, ut pluribus et potentioribus, per legem aliquam, periculum creetur, quàm caveatur, factio solvit legem; quod et sæpè fit.

III.

At jus privatum, sub tutelâ juris publici latet. Lex enim cavet civibus, magistratus legibus. Magistratuum autem auctoritas pendet ex majestate imperii, et fabricâ politiæ, et legibus fundamentalibus. Quare, si ex illa parte sanitas fuerit et recta cons-

2.

Le fondement du droit privé, le voici :

Pour celui qui commet une injustice, il y a dans la chose intérêt ou plaisir, mais danger dans l'exemple. Les tiers n'ont point de part dans cet intérêt ou ce plaisir, mais prennent pour eux l'exemple.

Or c'est pour prévenir cette réciprocité d'injustices que les hommes n'hésitent pas à se réunir, d'un consentement unanime, sous l'égide des lois (1). Mais si, par l'effet des circonstances et de la complicité, les plus nombreux et les plus forts viennent à trouver dans une loi plus de périls que de protection, il se forme une faction qui détruit la loi, et c'est ce qui arrive souvent (2).

3.

Quant au droit privé, il repose sous la sauvegarde du droit public. En effet, la loi garde les citoyens, le magistrat la loi (3). Or l'autorité des magistrats dépend de la majesté du pouvoir suprême, de l'organisation politique et des lois fondamentales : aussi, que l'État soit sain de ce côté, que sa constitution soit bonne, et les lois

titutio, leges erunt in bono usu; sin minùs,
parùm in iis præsidii erit.

IV.

Neque tamen jus publicum ad hoc tantùm spectat, ut addatur tanquam custos
juri privato, ne illud violetur, atque ut cessent injuriæ, sed extenditur etiam ad religionem, et arma, et disciplinam, et orna-
menta, et opes, denique ad omnia circa *benè
esse* civitatis.

V.

Finis enim et scopus quem leges intueri,
atque ad quem jussiones et sanctiones suas
dirigere debent, non alius est, quàm ut
cives feliciter degant. Id fiet, si pietate et
religione rectè instituti, moribus honesti,
armis adversùs hostes externos tuti, legum
auxilio adversùs seditiones et privatas in-
jurias muniti, imperio et magistratibus
obsequentes; copiis et opibus locupletes et
florentes fuerint : harum autem rerum ins-
trumenta et nervi sunt leges.

seront religieusement observées; autrement, il y aura peu de fond à faire sur elles.

4.

Toutefois, l'unique objet du droit public n'est pas de servir comme de gardien au droit privé, et d'empêcher qu'on ne le viole : sa surveillance n'est pas purement juridique; il embrasse aussi le culte, les armées, la discipline, les embellissemens publics, enfin tout ce qui tient au bienêtre du corps politique.

5.

Car la fin que doivent se proposer les lois, le but auquel doit tendre ce qu'elles prescrivent ou sanctionnent, c'est le bonheur des citoyens. Ils seront heureux si les institutions de la religion et du culte sont sages, les mœurs bonnes; si l'état militaire offre une protection suffisante contre les ennemis extérieurs, la loi contre les séditions et les injustices privées; si le gouvernement et les magistrats sont obéis; si la nation est riche et puissante.

Or, les lois sont les instrumens et les ressorts par lesquels tout cela s'opère.

VI.

Atque hunc finem optimæ leges asse-
quuntur; plurimæ verò ipsarum aberrant.
Leges enim mirum in modum, et maximo
intervallo inter se differunt, ut aliæ excel-
lant, aliæ mediocriter se habeant, aliæ
prorsùs vitiosæ sint. Dictabimus igitur, pro
judicii nostri modulo, quasdam tanquam
legum leges, ex quibus informatio peti possit, quid in singulis legibus benè aut per-
peràm positum aut constitutum sit.

VII.

Antequam verò ad corpus ipsum legum
particularium deveniamus, perstringemus
paucis virtutes et dignitates legum in genere. Lex bona censeri possit, quæ sit inti-
matione certa, præcepto justa, executione
commoda, cum forma politiæ congrua, et
generans virtutem in subditis.

6.

Les meilleures lois atteignent ce but, mais davantage encore s'en écartent. En effet, les lois diffèrent prodigieusement entre elles : les unes sont excellentes, d'autres ont des défauts, d'autres enfin sont tout-à-fait vicieuses.

C'est pourquoi nous allons, selon la mesure de nos faibles lumières, tracer comme *des lois des lois*, à l'aide desquelles on puisse reconnaître ce qu'il y a de bon ou de mauvais dans chacune.

7.

Mais avant d'arriver au corps même des lois particulières, nous rassemblerons en peu de mots les conditions et les qualités requises dans les lois en général.

On peut tenir une loi pour bonne, quand il y a certitude dans ce qu'elle intime, justice dans ce qu'elle prescrit, facilité dans son exécution, harmonie entre elle et l'organisation politique; quand elle rend vertueux ceux qui lui obéissent.

SECTIO I^A.

DE PRIMA DIGNITATE LEGUM, UT SINT CERTÆ.

VIII.

LEGIS tantùm interest ut certa sit, ut, absque hoc, nec justa esse possit. Si enim incertam vocem det tuba, quis se parabit ad bellum? Similiter, si incertam vocem det lex, quis se parabit ad parendum? Ut moneat igitur oportet priusquàm feriat. Etiam illud rectè positum est, optimam esse legem quæ minimùm relinquit arbitrio judicis : id quod certitudo ejus præstat.

IX.

DUPLEX legum incertitudo : altera ubi lex nulla præscribitur, altera ubi ambigua et obscura. Itaque de casibus omissis à lege primò dicendum est, ut in his etiam inveniatur aliqua norma certitudinis.

SECTION Iʳᵉ.

LA CERTITUDE EST LE PREMIER MÉRITE DES LOIS.

8.

(4) IL importe tellement que la loi soit certaine, qu'elle ne saurait être juste sans cela. Si le signal donné par la trompette est incertain, qui se préparera au combat? si l'ordre donné par la loi est équivoque, qui se disposera à obéir? Avant de frapper, il faut donc qu'elle avertisse; ainsi c'est une vérité inébranlable, que la meilleure loi est celle qui laisse le moins à l'arbitraire du juge : or, ce n'est que de sa certitude qu'elle peut tenir cet avantage.

9.

LES lois sont incertaines de deux façons : lorsqu'elles ne sont pas écrites, ou lorsqu'elles le sont avec ambiguïté et obscurité (5).

Parlons d'abord des cas sur lesquels il n'y a point de loi écrite, et faisons en sorte de trouver dans ces cas mêmes une règle de certitude.

4

SECTIO II.

DE CASIBUS OMISSIS A LEGE.

X.

Angustia prudentiæ humanæ casus omnes, quos tempus reperit, non potest capere. Non rarò itaque se ostendunt casus omissi et novi. In hujusmodi casibus, triplex adhibetur remedium, sive supplementum; vel per processum ad similia, vel per usum exemplorum, licèt in legem non coaluerint; vel per jurisdictiones quæ statuunt ex arbitrio boni viri, et secundùm discretionem sanam; sive ille curiæ fuerint prætoriæ, sive censoriæ.

SECTION IIe.

DES CAS NON PRÉVUS PAR LA LOI.

10.

La prudence humaine est si étroite, qu'elle ne peut embrasser tous les cas que le temps amène : aussi s'en présente-t-il souvent de nouveaux et d'imprévus. Alors il y a trois moyens de remédier ou de suppléer au silence de la loi :

1º L'analogie;

2º L'usage des exemples, lors même qu'ils n'ont pas force de loi;

" 3º Les juridictions, soit prétoriennes, soit censoriales, qui statuent d'après la libre inspiration d'une conscience droite et avec une sagesse discrétionnaire (a).

(a) Les cours prétoriennes connaissent des transactions privées et des droits des citoyens; les censoriales veillent sur les mœurs.

SECTIO III.

DE PROCESSU AD SIMILIA ET EXTENSIONIBUS LEGUM.

XI.

IN casibus omissis, deducenda est norma legis à similibus; sed cautè, et cum judicio. Circa quòd servandæ sunt regulæ sequentes. Ratio prolifica, consuetudo sterilis esto, nec generet casus. Itaque quod contra rationem juris receptum est, vel etiam ubi ratio ejus est obscura, non trahendum est ad consequentias.

XII.

BONUM publicum insigne rapit ad se casus omissos. Quamobrem, quandò lex aliqua reipublicæ commoda notabiliter et majorem in modum intuetur et procurat, interpretatio ejus extensiva esto et amplians.

SECTION IIIe.

DE L'USAGE QU'IL FAUT FAIRE DE L'ANALOGIE, ET DE L'EXTENSION DONT LES LOIS SONT SUSCEPTIBLES.

11.

DANS le silence de la loi, on peut avoir recours à l'analogie, pourvu que ce soit avec précaution et discernement. A cet égard, il faut observer les règles suivantes :

Que la raison soit féconde et la coutume stérile ; que celle-ci n'engendre point vos analogies. Une opinion reçue contre les principes du droit, ou seulement dont la raison est obscure, ne doit pas tirer à conséquence.

12.

Un intérêt public important attire à soi les cas omis : ainsi, lorsqu'une loi a pour objet de présenter un avantage éminent et notable, il faut l'interpréter largement et lui donner de l'ampleur (6).

XIII.

Dubum est torquere leges, ad hoc ut torqueant homines. Non placet igitur extendi leges poenales, multò minùs capitales ad delicta nova. Quod si crimen vetus fuerit, et legibus notum, sed prosecutio ejus incidat in casum novum, à legibus non provisum, omninò recedatur à placitis juris, potiùs quàm delicta maneant impunita.

XIV.

In statutis, quæ jus commune (præsertim circa ea quæ frequenter incidunt, et díù coaluerunt) planè abrogant, non placet procedi per similitudinem ad casus omissos. Quandò enim respublica tota lege diù caruerit, idque in casibus expressis, parùm periculi est, si casus omissi expectent remedium à statuto novo.

13.

Il y a dureté à torturer les lois pour leur faire torturer les hommes : ainsi je n'aime pas qu'on étende les lois pénales, beaucoup moins encore les lois capitales à des délits nouveaux. Mais s'il s'agit d'un crime dès long-temps caractérisé et prévu par les lois, et que le mode de poursuite présente un cas nouveau et non prévu, il vaut mieux s'écarter tout-à-fait de la procédure établie, que de laisser des crimes impunis (7).

14.

Quand il s'agit de statuts entièrement dérogatoires au droit commun, je n'aime pas qu'on procède par analogie des cas prévus aux cas qui ne le sont pas, surtout dans les choses qui se présentent fréquemment, et auxquelles le temps a donné consistance : car, puisque l'état s'est passé de toute la loi pendant long-temps, même pour les cas qu'elle prévoit, il y a peu de danger à attendre qu'un statut nouveau pourvoie aux cas qu'elle a omis.

XV.

Statuta, quæ manifestò temporis leges fuêre, atque ex occasionibus reipublicæ tunc invalescentibus natæ, mutatâ ratione temporum, satis habent, si se in propriis casibus sustinere possint : præposterum autem esset, si ad casus omissos ullo modo traherentur.

XVI.

Consequentiæ non est consequentia : sed sisti debet extensio intra casus proximos. Alioqui labetur paulatim ad dissimilia; et magis valebunt acumina ingeniorum, quàm auctoritates legum.

15.

QUANT aux statuts, qui sont évidemment des lois de circonstance, et sont nés des intérêts qui prévalaient alors dans l'état, c'est assez, lorsque ces circonstances et ces intérêts sont changés, qu'ils puissent se maintenir dans les cas pour lesquels ils ont été faits; mais il serait absurde de les étendre, en quoi que ce soit, aux cas non prévus.

16.

POINT de conséquence d'une autre conséquence; l'extension ne doit pas dépasser les cas qui touchent ceux prévus par les lois, sans quoi elle finira par lier les cas les plus dissemblables, et les subtilités de l'esprit prévaudront sur l'autorité des lois mêmes (a).

(a) *In jure, non causa remota, sed proxima spectatur.* — En droit, c'est à la cause prochaine, et non à la cause éloignée qu'on regarde. (*Voyez* les *Maximes du droit commun d'Angleterre*, à la suite des *Aphorismes*).

XVII.

IN legibus et statutis brevioris styli, éx-
tensio facienda est liberiùs. At in illis quæ
sunt enumerativa casuum particularium,
cautiùs. Nam ut *exceptio firmat vim legis
in casibus non exceptis*, ita enumeratio in-
firmat eam in casibus non enumeratis.

XVIII.

STATUTUM explanatorium claudit rivos
statuti prioris, nec recipitur posteà extensio in alterutro statuto. Neque enim facienda est surperextensio à judice, ubi semel
cœpit fieri extensio à lege.

17.

Quant aux lois et aux statuts qui se distinguent par la concision du style, on peut, en les étendant, se permettre plus de liberté; mais il faut plus de réserve lorsqu'ils énumèrent des cas particuliers; car, de même que *l'exception confirme la règle pour les cas non exceptés,* de même l'énumération l'infirme pour les cas non énumérés (8) (*a*).

18.

Un statut qui en explique un autre l'enferme entre des rives qu'il ne doit plus franchir : dès lors ni l'un ni l'autre ne souffre plus d'extension; car, dès qu'une fois la loi s'est donné à elle-même son étendue, il n'est plus permis au juge d'y ajouter.

(*a*) *Inclusio unius est exclusio alterius.* — La détermination d'un cas est l'exclusion de tout autre cas. *Qui dicit de uno, de altero negat.* — Dans l'alternative, il faut opter : adopter un cas, c'est rejeter l'autre.

XIX.

Solemnitas verborum et actorum non recipit extensionem ad similia. Perdit enim naturam solemnis, quòd transit à more ad arbitrium : et introductio novorum corrumpit majestatem veterum.

XX.

Proclivis est extensio legis ad casus post natos, qui in rerum naturâ non fuerunt, tempore legis latæ. Ubi enim casus exprimi non poterat, quia tunc nullus erat, casus omissus habetur pro expresso, si similis fuerit ratio.

Atque de extensionibus legum, in casibus omissis, hæc dicta sint. Nunc de usu exemplorum dicendum.

19.

LA solemnité des formules et des formalités ne s'étend pas d'un cas à un autre par analogie ; la solemnité perd son caractère lorsqu'elle prend de l'extension à volonté : sa majesté primitive s'altère par les innovations (*a*).

20.

C'EST suivre la pente de la loi que de l'étendre aux cas nouveaux qui ne se trouvaient pas dans le cours naturel des choses au temps où la loi a été portée. En effet, il faut réputer exprimé un cas omis, mais qui ne l'a été que parce qu'alors il n'existait pas, pourvu toutefois qu'il y ait parité de raison (9).

Voilà ce que l'on peut dire sur l'extension des lois, quant aux points qu'elles ont omis.

Parlons maintenant du parti que l'on peut tirer des exemples.

(*a*) Les art. 356 et 357 du Code civil offrent des exemples remarquables de formules solemnelles.

SECTIO IV.

DE EXEMPLIS ET USU EORUM.

XXI.

De exemplis jam dicendum est ex quibus jus hauriendum sit, ubi lex deficit. Atque de consuetudine, quæ legis species est; deque exemplis, quæ per frequentem usum in consuetudinem transierunt, tanquam legem tacitam, suo loco dicemus. Nunc autem de exemplis loquimur, quæ rarò et sparsim interveniunt, nec in legis vim evaluerunt; quandò, et quâ cautione norma juris ad ipsis petenda sit, cùm lex deficiat.

SECTION IVe.

DES EXEMPLES (*a*) ET DE LEUR USAGE.

21.

LE moment est venu de parler des exemples dans lesquels il faut puiser le droit lorsque la loi garde le silence. Quant à la coutume, qui est une espèce de loi, et aux exemples dont un fréquent usage a fait une coutume et comme une loi tacite, nous en traiterons en leur lieu. Nous ne parlons ici que des exemples qui se présentent rarement, de loin en loin, et qui n'ont point acquis force de loi; il s'agit de déterminer quand et avec quelles précautions on en peut tirer des règles de droit qui suppléent au silence de la loi.

(*a*) En langage parlementaire, *des précédens*.

XXII.

EXEMPLA à temporibus bonis et moderatis petenda sunt, non tyrannicis aut factiosis, aut dissolutis. Hujusmodi exempla temporis partus spurii sunt, et magis nocent quàm docent.

XXIII.

IN exemplis, recentiora habenda sunt pro tutioribus. Quod enim paulò antè factum est, undè nullum sit secutum incommodum, quidni iterùm repetatur? Sed tamen minùs habent autoritatis recentia : et si fortè res in melius restitui opus sit, recentia exemplamagis seculum suum sapiunt, quàm rectam rationem.

XXIV.

AT vetustiora exempla cautè et cum delectu recipienda : decursus siquidem ætatis multa mutat; ut quod tempore videatur an-

22.

Il faut prendre ses exemples dans des temps de paix et de modération, et non dans des temps de tyrannie, de faction et d'anarchie. Puisés à ces dernières sources, les exemples sont les fruits adultères des circonstances; ils nuisent plus qu'ils n'instruisent.

23.

En fait d'exemples, tenez les plus récens pour les plus sûrs; car qui empêche de faire de nouveau ce qui vient de se faire sans inconvénient? et pourtant, ce qui est récent a moins d'autorité; et, s'il arrive qu'on ait besoin de réforme, on trouvera que ces exemples récens respirent plus l'esprit de leur siècle que la droite raison.

24.

D'un autre côté, il ne faut adopter les exemples trop anciens qu'avec précaution et discernement; car le temps, dans son cours, amène

tiquum, id perturbatione, et inconformi-
tate ad præsentia, sit planè novum. Medii
itaque temporis exempla sunt optima, vel
etiam talis temporis quòd cum tempore cur-
rente plurimùm conveniat; quòd aliquando
præstat tempus remotius; magis quàm in
proximo.

XXV.

INTRA fines exempli, vel citrà potiùs se
cohibeto, nec illos ullo modo excedito. Ubi
enim non adest norma legis, omnia quasi
pro suspectis habenda sunt. Itaque ut in
obscuris, minimum sequitor.

tant de changemens, que telles choses qui paraissent anciennes, à ne considérer que leur
date, sont tout-à-fait nouvelles si l'on en juge
par le trouble qu'exciterait leur rétablissement,
et la difficulté qu'il y aurait à les accommoder
au présent (*a*). Aussi les exemples pris des temps
intermédiaires sont-ils les meilleurs, surtout
ceux des temps qui ont le plus d'analogie avec
celui qui court; et cette analogie se rencontre
quelquefois davantage aux époques éloignées
qu'aux récentes.

25.

Renfermez-vous dans les limites de l'exemple,
plutôt en de-çà qu'au delà. Dans aucun cas, ne
les dépassez; car où la loi n'est pas pour diri-
ger, presque tout doit paraître suspect. Faites
comme on fait dans l'obscurité, défiez-vous
de votre guide.

(*a*) On ne saurait trop recommander cet aphorisme et
les deux précédens à la méditation des hommes d'État.

XXVI.

Cavendum ab exemplorum fragmentis et compendiis : atque integrum exemplum, et universus ejus processus introspiciendus. Si enim incivile sit, nisi totâ lege perspectâ, de parte ejus judicare, multò magis hoc valere debet in exemplis, quæ ancipitis sunt usûs, nisi valdè quadrent.

XXVII.

In exemplis plurimùm interest, per quas manus transierint, et transacta sint. Si enim apud scribas tantùm, et ministros justitiæ, ex cursu curiæ, absque notitiâ manifestâ superiorum, obtinuerint; aut etiam apud errorum magistrum populum; conculcanda sunt, et parvi facienda.

Sin apud senatores, aut judices, aut curias principales, ita sub oculis posita fuerint, ut necesse fuerit illa, approbatione

26.

Il faut se méfier aussi des exemples incomplets et tronqués : c'est leur ensemble, et pour ainsi dire toute leur allure, qu'il faut étudier; car si c'est un tort en droit de juger d'après une partie de la loi avant de l'avoir lue en son entier, c'est un tort bien plus grand encore quand il s'agit d'exemples, dont l'application est équivoque s'ils ne cadrent parfaitement avec l'espèce.

27.

En fait d'exemples, il importe beaucoup de savoir par quelles mains ils ont passé, et quelles les ont constatés. Si ce ne sont que des traditions de palais, transmises par les scribes et les officiers de justice, sans que les magistrats en aient pleine connaissance, ou bien s'ils viennent du peuple, maître en tous genres d'erreurs, il faut les rejeter et n'en faire nul cas.

Mais si au sénat, si parmi les juges, si dans les premières cours ils ont été tellement mis en vue qu'il soit impossible de supposer que les

judicum, saltem tacitâ, munita fuisse, plus
dignationis habent.

XXVIII.

EXEMPLIS, quæ publicata fuerint, utcunque minus fuerint in usu, cùm tamen sermonibus, et disceptationibus hominum,
agitata et ventilata extiterint, plus autoritatis tribuendum. Quæ verò in scriniis et
archivis manserunt, tanquam sepulta, et
palàm in oblivionem transierunt, minùs.
Exempla enim, sicut aquæ, in profluente
sanissima.

XXIX.

EXEMPLA, quæ ad leges spectant, non placet ab historicis peti; sed ab actis publicis,
et traditionibus diligentioribus : versatur
enim infelicitas quædam inter historicas vel
optimos, ut legibus et actis judicialibus,
non satis immorentur; aut si fortè diligen-

magistrats ne leur aient pas donné une approbation, au moins tacite, ils méritent plus de considération.

28.

Il faut accorder plus d'autorité aux exemples qui ont reçu de la publicité, quand bien même ils ne se seraient pas souvent présentés; car, livrés à la discussion des hommes, ils ont en quelque sorte été tamisés par le choc des opinions. Moins d'autorité appartient à ceux qui sont demeurés ensevelis dans les greffes et les archives, et que le public semble avoir condamnés à l'oubli. Les exemples sont comme l'eau : la courante est la plus saine.

29.

Pour interpréter les lois, je n'aime pas que l'on puise des exemples chez les historiens, mais dans les actes publics et dans les traditions les plus fidèles; car il est une sorte de fatalité qui empêche les historiens, même les meilleurs, de s'arrêter suffisamment sur les lois et les actes judiciaires; ou si, par hasard, ils leur

tiam quamdam adhibuerint, tamen ab authenticis longè varient.

XXX.

EXEMPLUM quod ætas contemporanea, aut proxima respuit, cùm casus subindè recurreret, non facile admittendum est. Neque enim tantùm pro illo facit, quòd homines illud quandoque usurparunt, quàm contra quod experti reliquerunt.

XXXI.

EXEMPLA in consilium adhibentur, non utique jubent, aut imperant. Igitur ita regantur, ut autoritas præteriti temporis flectatur ad usum præsentis.

Atque de informatione ab exemplis, ubi lex deficit, hæc dicta sint. Jam dicendum de curiis prætoriis, et censoriis.

prêtent quelque attention, leurs écrits ne laissent pas que de différer beaucoup des documens authentiques.

30.

Il ne faut pas admettre facilement un exemple rejeté par les contemporains ou par la génération qui a suivi, le même cas se représentât-il ; car la faveur qu'il a usurpée un moment a moins de poids que le discrédit dans lequel l'a fait tomber l'expérience.

31.

Les exemples sont des conseils et non des ordres ou des lois : qu'ils servent donc de guide, mais de façon que l'autorité du passé se plie à l'utilité présente (a).

Soit dit pour que l'on sache le parti qu'on peut tirer des exemples, à défaut de loi. Je vais parler maintenant des cours prétoriennes et censoriales.

(a) *Quod nunc tuemur exemplis, olim erit inter exempla.* — Ce que nous appuyons aujourd'hui sur des exemples sera exemple un jour.

SECTIO V.

DE CURIIS PRÆTORIIS ET CENSORIIS.

XXXII.

Curiæ sunto et jurisdictiones, quæ statuant ex arbitrio boni viri, et discretione sanâ, ubi legis norma deficit. Lex enim (ut antea dictum est) non sufficit casibus : sed ad ea, quæ plerumque accidunt aptatur. Sapientissima autem res tempus (ut ab antiquis dictum est), et novorum casuum quotidiè auctor et inventor.

XXXIII.

Interveniunt autem novi casus et in criminalibus, qui pœnâ indigent ; et in civilibus, qui auxilio. Curias, quæ ad priora illa respiciunt, censorias ; quæ ad posteriora, prætorias appellamus.•

SECTION Ve.

DES COURS PRÉTORIENNES ET CENSORIALES.

32.

Qu'il y ait des cours et des juridictions qui statuent, dans le silence de la loi, d'après la libre inspiration d'une conscience droite et avec une sagesse discrétionnaire : car la loi, comme nous l'avons déjà fait observer, ne suffit point à tous les cas, mais elle est modelée sur les plus fréquens; tandisque le temps, dont rien, suivant l'expression des anciens, n'égale le savoir (10), enfante et produit chaque jour des cas nouveaux.

33.

Or, en matière criminelle, il survient des cas nouveaux pour lesquels il n'existe point de clause pénale : d'autres, en matière civile, n'ont point été prévus. J'appelle censoriales les cours qui connaissent des premiers, et prétoriennes celles qui connaissent des seconds.

XXXIV.

Habento curiæ censoriæ jurisdictionem et potestatem, non tantùm nova delicta puniendi, sed etiam pœnas à legibus constitutas, pro delictis veteribus augendi, si casus fuerint odiosi, et enormes, modo non sint capitales : enorme enim, tanquam novum est.

XXXV

Habeant similiter curiæ prætoriæ potestatem tam subveniendi contra rigorem legis, quàm supplendi defectum legis. Si enim porrigi debet remedium ei, quem lex præteriit; multò magis ei, quem vulneravit.

34.

Que les cours censoriales aient la juridiction et le pouvoir nécessaires, non-seulement pour punir les délits nouveaux, mais même pour aggraver les peines des délits prévus par les lois, lorsqu'ils présentent des circonstances odieuses et hors ligne, sans toutefois que ces peines puissent devenir capitales. En effet, ce qui est hors ligne est considéré comme nouveau (11).

35.

De leur côté, que les cours prétoriennes aient le pouvoir de modérer la rigueur de la loi comme celui de suppléer à sa faiblesse (*a*) : car, si l'on doit prêter secours à celui que la loi a oublié, à plus forte raison le doit-on à celui qu'elle a blessé (12).

(*a*) N'est-ce pas le cas de rappeler ce que disaient nos pères : *Dieu nous garde de l'équité des parlemens !*

XXXVI.

Curiæ istæ censoriæ, et prætoriæ omninò intra casus enormes et extraordinarios se continento; nec juridictiones ordinarias invadunto; ne fortè tendat res ad supplantationem legis, magis quàm ad supplementum.

XXXVII.

Jurisdictiones istæ, in supremis tantùm curiis résidento, nec ad inferiores communicentur. Parum enim abest à potestate leges condendi, potestas eas supplendi, aut extendendi, aut moderandi.

XXXVIII.

At curiæ illæ uni viro ne committantur, sed ex pluribus constent. Nec decreta exeant cum silentio; sed judices sententiæ suæ rationes adducant, idque palàm, atque astante coronâ : ut quod ipsâ potestate sit

36.

Que ces cours censoriales et prétoriennes se renferment exactement dans les cas extraordinaires et hors ligne, et qu'elles n'envahissent pas les juridictions ordinaires, sans quoi elles finiraient par supplanter la loi au lieu de la suppléer.

37.

Qu'une telle juridiction ne réside que dans les tribunaux suprêmes, et ne puisse être communiquée aux tribunaux inférieurs : car il y a peu de différence entre le pouvoir de faire les lois et celui de les suppléer, ou de les restreindre, ou de les étendre.

38.

Qu'un tel pouvoir ne soit pas non plus confié à un seul homme, mais à plusieurs ; et surtout que leurs arrêts ne soient pas rendus en secret, mais qu'ils soient motivés et prononcés publiquement devant le cercle des auditeurs, afin

liberum, famâ tamen et existimatione sit circumscriptum.

XXXIX.

Rubricæ sanguinis ne sunto; nec de capitalibus in quibuscunque curiis, nisi ex lege notâ et certâ pronunciatio; indixit enim mortem Deus ipse priùs, postea inflixit. Nec vita eripienda nisi ei, qui se in suam vitam peccare priùs nosset.

qu'une puissance qui n'a point de frein en trouve un dans le jugement et l'opinion publics (13).

39.

POINT de rubriques (*a*) de sang : en quelque cour que ce soit, qu'aucune peine capitale ne soit prononcée qu'en vertu d'une loi formelle et notoire. Dieu lui-même ne condamna l'homme à la mort qu'après l'avoir prévenu de la peine qu'il encourait en péchant (*b*); de même la vie ne doit être arrachée qu'à celui qui, en commettant un délit, a su qu'il risquait sa vie.

(*a*) On appelle *rubriques* les titres sous lesquels sont distribuées les lois. Ce terme de pratique vient de ce qu'autrefois ces titres étaient écrits en lettres rouges. — Ovide, dans ses *Fastes*, dit : *Nec titulus minio, nec cedro charta notetur.*

(*b*) *De ligno autem scientiæ boni et mali ne comedes. In quocumque enim die comederis ex eo, morte morieris.* — « Quant à l'arbre de la science du bien et du mal, ne mange pas de son fruit; car du jour où tu en auras mangé, tu deviendras mortel. » (*Genèse*, chap. II, verset 17.)

XL.

In curiis censoriis calculum tertium dato; ut judicibus non imponatur necessitas, aut absolvendi, aut condemnandi; sed etiam ut non liquere pronunciare possint. Etiam censoria non tantùm pœna, sed et nota esto : scilicet, quæ non infligat supplicium, sed aut in admonitionem desinat, aut reos ignominiâ levi, et tanquam rubore castiget.

XLI.

In curiis censoriis, omnium magnorum criminum et scelerum actus inchoati et medii puniantur, licet non sequatur effectus consummatus : isque sit earum curiarum

40.

Dans les cours censoriales, que les juges aient une troisième boule (*a*), afin qu'ils ne soient pas dans la nécessité d'absoudre ou de condamner, mais qu'ils puissent aussi ordonner un plus ample informé (14). De plus, que la justice censoriale n'ait pas seulement ses peines afflictives, qu'elle ait encore ses peines infamantes : c'est dire qu'elle ne doit pas toujours infliger des supplices, mais se borner quelquefois à de simples admonitions, ou à une légère infamie, qui fasse aux coupables une sorte de châtiment de leur propre rougeur (15).

41.

Dans les cours censoriales, lorsqu'il s'agit de grands crimes et d'attentats, il faut punir, et les actes qui les ont commencés, et ceux qui les ont à demi exécutés, quoique non consom-

---

(*a*) Bacon fait ici allusion à la manière dont se donnaient les suffrages, dans les matières criminelles, par boule noire pour la condamnation, et par boule blanche pour l'absolution.

Chez les Romains, les juges remplaçaient la troisième boule, que réclame Bacon, par ces mots, qu'il reproduit ici : *Non liquet*, l'affaire n'est pas claire.

usus vel maximus : cùm et severitatis intersit, initia scelerum puniri; et clemen tiæ, perpetrationem eorum (puniendo actus medios) intercipi.

XLII.

CAVENDUM imprimis ne, in curiis prætoriis, præbeatur auxilium in casibus, quos lex non tam omisit, quàm pro levibus contempsit, aut pro odiosis remedio indignos judicavit.

XLIII.

MAXIMÈ omnium interest certitudinis legum (de quâ nunc agimus) ne curiæ prætoriæ intumescant et exundent in tantum, ut, prætextu rigoris legum mitigandi, etiam robur et nervos iis incidant, aut laxent, omnia trahendo ad arbitrium.

més; et ce doit être une maxime pratique dans ces sortes de cours, que, s'il y a sévérité à punir les simples tentatives de crimes, il y a clémence à interrompre leur perpétration par la répression des actes intermédiaires.

42.

Prenez garde surtout que les cours prétoriennes ne veuillent pourvoir aux cas que la loi n'a pas oubliés, mais méprisés, à cause de leur peu d'importance, ou qu'elle a jugés indignes de remède, comme trop odieux (16).

43.

Pour que la loi soit certaine, objet dont nous nous occupons en ce moment, il importe, avant tout, que l'autorité des cours prétoriennes ne grossisse et ne déborde pas à tel point que, sous prétexte d'adoucir la rigueur des lois, elle les affaiblisse et les énerve, en entraînant tout vers l'arbitraire.

XLIV.

DECERNENDI contra statutum expressum, sub ullo æquitatis prætextu, curiis prætoriis jus ne esto. Hoc enim si fieret, judex prorsùs transiret in legislatorem, atque omnia ex arbitrio penderent.

XLV.

APUD nonnullos receptum est, ut jurisdictio, quæ decernit secundùm æquum et bonum, atque illa altera, quæ procedit secundùm jus strictum, iisdem curiis deputentur : apud alios autem, ut diversis. Omnino placet curiarum separatio. Neque enim servabitur distinctio casuum, si fiat commixtio jurisdictionum : sed arbitrium legem m trahet.

XLVI.

Non sine causâ in usum venerat apud Romanos, album prætoris, in quo præscripsit

44.

Que, sous aucun prétexte, les cours prétoriennes n'aient le droit de juger contre un statut formel; car, si cela arrivait, le juge deviendrait un véritable législateur, et tout dépendrait de son caprice.

45.

Il est reçu chez quelques-uns que la juridiction qui juge suivant les lumières de la raison et de l'austère équité, et celle qui procède selon le droit étroit, doivent appartenir aux mêmes cours, tandis que d'autres veulent qu'elles soient attribuées à des cours distinctes. Je suis entièrement de cet avis. En effet, la distinction des cas ne sera point observée si les juridictions sont confondues, et l'arbitraire finira par envahir la loi (17).

46.

Ce n'est pas sans raison que chez les Romains s'était établi l'usage du programme, dans lequel

et publicavit, quomodò ipse jus dicturus esset. Quo exemplo, judices in curiis prætoriis, regulas sibi certas (quantum fieri potest) proponere, easque publicè affigere debent. *Etenim optima est lex, quæ minimum relinquit arbitrio judicis, optimus judex, qui minimum sibi.*

Verum de curiis istis fusiùs tractabimus, cùm ad locum de judiciis veniemus; obiter tantùm jam locuti de iis, quatenùs expediant et suppleant omissa à lege.

le nouveau préteur traçait et publiait les principes d'après lesquels il se proposait de rendre la justice. A cet exemple, les juges des cours prétoriennes doivent, autant que possible, se faire des règles certaines et les afficher publiquement; car la meilleure loi est celle qui laisse le moins de latitude à l'arbitraire du juge, et le meilleur juge celui qui s'en laisse le moins à lui-même (18).

Mais nous traiterons de ces cours avec plus d'étendue quand il sera question des jugemens. Nous n'en avons parlé ici qu'en passant, et en tant seulement qu'elles pourvoient et suppléent aux omissions de la loi.

SECTIO VI.

DE RETROSPECTIONE LEGUM.

XLVII.

Est et aliud genus supplementi casuum omissorum, cùm lex legem supervenit, atque simul casus omissos trahit. Id fit in legibus, sive statutis, quæ retrospiciunt, ut vulgò loquuntur. Cujus generis leges, rarò, et magnâ cum cautione sunt adhibendæ : *neque enim placet Janus in legibus.*

XLVIII.

Qui verba aut sententiam legis captione et fraude eludit, et circumscribit,

SECTION VI.

DE LA RÉTROACTIVITÉ DES LOIS.

47.

Il est encore une manière de pourvoir aux cas omis, c'est en faisant une loi sur une loi pour remplir les omissions de cette dernière. Tels sont les lois ou les statuts qui, pour parler le langage vulgaire, regardent en arrière. Il ne faut faire usage de ces lois que rarement et avec une extrême circonspection; car on n'aime pas à trouver Janus (*a*) dans les lois.

48.

Celui qui élude et circonscrit les termes ou le sens d'une loi par des subtilités et des

---

(*a*) On sait que les païens représentaient Janus avec une tête à deux faces. Présidant au premier jour de l'année, il était censé regarder à la fois la fin de l'an qui venait de s'écouler, et le commencement de celui qui allait s'ouvrir.

dignus est qui etiam à lege sequente innodetur. Igitur in casibus fraudis, et evasionis dolosæ, justum est, ut leges retrospiciant, atque alteræ alteris in subsidiis sint; ut qui dolos meditatur et eversionem legum præsentium, saltem à futuris metuat.

XLIX.

Leges quæ actorum et instrumentorum veras intentiones, contra formularum aut solemnitatum defectus roborant et confirmant, rectissimè præterita complectuntur. Legis enim, quæ retrospicit, vitium vel præcipuum est, quòd perturbet. At hujusmodi leges confirmatoriæ, ad pacem et stabilimentum eorum quæ transacta sunt spectant. Cavendum tamen est, ne convellantur res judicatæ.

L.

Diligenter attendendum ne eæ leges tantùm ad præterita respicere putentur,

argumens captieux, mérite bien de se trouver
pris dans les nœuds d'une seconde loi. Là où il
y a fraude et artifices évasifs, il est juste que les
lois regardent en arrière et se prêtent un mutuel secours, afin que celui qui médite des supercheries et la ruine des lois présentes, redoute
au moins les lois futures (19).

49.

Quant aux lois qui ont pour objet de fortifier et d'affermir les vraies intentions des actes
et des écrits instrumentaires contre les défauts
de forme et de solennité, c'est très-justement
qu'elles embrassent le passé. En effet, le principal vice des lois rétroactives, c'est de semer
l'inquiétude : or, ces lois confirmatives dont
nous parlons, sont des lois de paix qui tendent
à consolider les transactions existantes; toutefois il faut prendre garde qu'elles ne renversent la chose jugée.

50.

Il faut bien se garder de croire qu'il n'y ait
de lois rétroactives que celles qui infirment les

quæ anteacta infirmant : sed et eæ quæ futura prohibent et restringunt, cum præteritis necessariò connexa. Veluti si quæ lex artificibus aliquibus interdicat ne mercimonia sua in posterum vendant : hæc sonat in posterum, sed operatur in præteritum : neque enim illis aliâ ratione victum quærere jam integrum est.

LI.

Lex declaratoria omnis, licet non habeat verba de præterito, tamen ad præterita, ipsâ vi declarationis, omninò trahitur. Non enim tùm incipit interpretatio cùm declaratur, sed efficitur tanquam contemporanea ipsi legi. Itaque leges declaratorias ne ordinato, nisi in casibus, ubi leges cum justitiâ retrospicere possint.

Hîc verò eam partem absolvimus, quæ tractat de incertitudine legum, ubi invenitur lex nulla. Jam dicendum est de alterâ illâ parte, ubi scilicet lex extat aliqua, sed perplexa, et obscura.

actes antérieurs : celles-là le sont aussi, qui enchaînent et circonscrivent l'avenir, lorsqù'il a avec le passé une connexité nécessaire. Par exemple, si une loi interdit à certains artisans de vendre à l'avenir leur marchandise, il semble que cette loi ne dispose que pour l'avenir, et pourtant elle frappe sur le passé ; car il n'est plus temps pour ces gens-là de chercher leur vie dans une autre industrie.

51.

Toute loi déclaratoire, bien qu'elle ne parle pas du passé, s'y reporte néanmoins en réalité par la force même de son caractère déclaratoire. En effet, le sens reconnu dans la loi ne naît pas de la déclaration qu'on en fait, mais est censé contemporain de la loi elle-même. Ne faites donc de lois déclaratoires que dans le cas où la justice peut se concilier avec la rétroactivité.

Ici se termine la partie qui traite de l'incertitude née du silence de la loi ; le moment est venu de nous occuper de celle qui traite des cas où il existe bien une loi, mais une loi obscure et ambiguë.

SECTIO VII.

DE OBSCURITATE LEGUM.

LII.

Obscuritas legum à quatuor rebus originem ducit; vel ab accumulatione legum nimiâ, præsertim admixtis obsoletis; vel à descriptione earum ambiguâ, aut minùs perspicuâ, et dilucidâ; vel à modis enucleandi juris neglectis, aut non benè institutis; vel denique, à contradictione et vacillatione judiciorum.

SECTION VII.

DE L'OBSCURITÉ DES LOIS.

52.

L'obscurité des lois a quatre causes :

Ou leur excessive accumulation, surtout quand il s'y en mêle qui sont usées;

Ou une rédaction ambiguë, obscure et embrouillée;

Ou la négligence qui a présidé, soit à l'emploi, soit au choix de la méthode adoptée dans l'explication du droit;

Ou enfin les contradictions et les vacillations de la jurisprudence.

SECTIO VIII.

DE ACCUMULATIONE LEGUM NIMIA.

LIII.

Dicit propheta : *pluet super eos laqueos :*
non sunt autem pejores laquei quàm laquei
legum, præsertim pœnalium ; si numero im-
mensæ et temporis decursu inutiles, non
lucernam pedibus præbeant, sed retia potiùs objiciant.

LIV.

Duplex in usum venit statuti novi condendi ratio : altera statuta priora circa
idem subjectum confirmat et roborat, dein
nonnulla addit aut mutat : altera abrogat
et delet cuncta quæ antè ordinata sunt,
et de integro legem novam et uniformem
substituit. Placet posterior ratio. Nam ex

SECTION VIII.

DE L'EXCESSIVE ACCUMULATION DES LOIS.

53.

Le prophète dit : *Il pleuvra sur eux des filets* : or, il n'y a pas de filets pires que ceux des lois, surtout des lois pénales. Si le nombre des lois est immense ; si le laps du temps les a fait tomber en désuétude, ce ne sont plus des flambeaux qui éclairent nos pas, ce sont plutôt des rets tendus devant eux.

54.

L'usage a introduit deux manières de faire un statut nouveau :

L'une confirme et consolide les statuts rendus précédemment sur la même matière, se contentant d'y ajouter ou d'y modifier quelques points ;

L'autre abroge et efface toutes les dispositions antérieures, et substitue une loi nouvelle et uniforme à l'ancienne.

priore ratione ordinationes deveniunt complicatæ et perplexæ, et quod instat agitur sanè, sed corpus legum interim redditur vitiosum. In posteriore autem, major certè est adhibenda diligentia, dùm de lege ipsâ deliberatur; et anteacta scilicet evolvenda et pensitanda, antequàm lex feratur; sed optimè procedit per hoc legum concordia in futurum.

LV.

Erat in more apud Athenienses ut contraria legum capita, quæ *antinomias* vocant, quotannis à sex viris examinarentur, et quæ reconciliari non poterant, proponerentur populo, ut de illis certum aliquid statueretur. Ad quorum exemplum, ii, qui potestatem in singulis politiis legum condendarum habent, per triennium, aut quinquennium, aut prout videbitur, antinomias retractanto. Eæ autem à viris, ad hoc delegatis, priùs inspiciantur et præparentur, et deinùm comitiis exibeantur, ut

J'aime cette dernière méthode.

Par la première, les dispositions de la loi se compliquent et s'embarrassent. On pourvoit bien au besoin du moment, mais on vicie le corps entier des lois.

La seconde, au contraire, exige, à la vérité, plus d'attention, puisque c'est sur la loi elle-même qu'on délibère, et qu'avant de la porter, il faut discuter et peser les actes antérieurs; mais aussi par ce moyen on assure l'harmonie des lois pour l'avenir.

55.

C'était une coutume chez les Athéniens de faire examiner, chaque année, par six prud'-hommes, les contrariétés des lois, qu'on appelle *antinomies*. Lorsque ceux-ci ne parvenaient pas à les concilier, ils les soumettaient au peuple, pour qu'il fît cesser l'incertitude. A leur exemple, ceux qui, dans chaque gouvernement, sont chargés de faire les lois, doivent, tous les trois ou cinq ans, ou après tel autre délai qu'on voudra, rectifier les antinomies : mais que des hommes délégués *ad hoc* les examinent d'abord et les méditent ; qu'elles soient ensuite soumises aux comices, afin qu'une dé-

quod placuerit, per suffragia stabiliatur, et figatur.

LVI.

NEQUE verò contraria legum capita reconciliandi, et omnia, ut loquuntur, salvandi, per distinctiones subtiles et quæsitas, nimis sedula aut anxia cura esto. Ingenii enim hæc tela est : atque utcunque modestiam quandam et reverentiam præ se feråt, inter noxia tamen censenda est; utpotè quæ reddat corpus universum legum varium et malè consutum. Melius est prorsùs ut succumbant deteriora, et meliora stent sola.

LVII.

OBSOLETÆ leges, et quæ abierunt in desuetudinem, non minùs quàm antinomiæ, proponantur à delegatis ex officio tollendæ. Cùm enim statutum expressum regulariter desuetudine non abrogetur, fit ut ex contemptu legum obsoletarum fiat non-

libération solennelle stabilise et fixe ce qui aura
été décidé (20).

56.

Toutefois, pour concilier les contrariétés des
lois, et, comme on dit, pour ne rien perdre,
il ne faut pas recourir à des distinctions subtiles et recherchées, ni se donner trop de peine
et de soin : ce seroit occuper l'esprit à tisser une
toile sans consistance, et, sous l'apparence de
la modestie et du respect pour ce qui existe,
faire une chose dangereuse; car par-là le corps
entier des lois deviendroit disparate et décousu.
Il est mieux d'abattre ce qui est ruineux, et de
ne laisser debout que ce qui est solide.

57.

Les lois usées et celles qui sont tombées en
désuétude doivent, non moins que les antinomies, être soumises à des délégués officiels, avec
pouvoir de les supprimer : car, comme un statut
formel n'est pas régulièrement abrogé par la
désuétude, il arrive que du mépris des lois usées
on passe à une sorte de despect pour les autres,

nulla auctoritatis jactura etiam in reliquis :
et sequitur tormenti illud genus Mezentii,
ut leges vivæ in complexu mortuarum pe-
rimantur. Atque omninò cavendum est à
gangrenâ in legibus.

• LVIII.

Quin et in legibus et statutis obsoletis,
nec noviter promulgatis, curiæ prætoriis interim contra eas decernendi jus esto. Licet
enim non malè dictum sit, neminem opor-
tere legibus esse sapientiorem, tamen intel-
ligatur hoc de legibus, cùm evigilent, non
cùm dormitent : contra recentiora verò statuta (quæ juri publico nocere deprehen-
duntur) non utique prætoribus, sed regibus, et sanctioribus consiliis, et supremis
potestatibus auxilium præbendi jus esto,
earum executionem per edicta aut acta sus-
pendendo, donec redeant comitia, aut hujusmodi cœtus, qui potestatem habeant eas
abrogandi, ne salus populi interim peri-
clitetur.

et il en résulte quelque chose de semblable au supplice de Mézence ; les lois vivantes périssent par leur union avec les lois mortes : or il ne faut rien épargner pour garantir les lois de la gangrène.

58.

Il y a plus, les cours prétoriennes doivent avoir le droit de déroger provisoirement aux lois et statuts usés, et dont la promulgation est ancienne : car, quoiqu'on ait raison de dire que nul ne doit vouloir être plus sage que les lois, néanmoins cela ne doit s'entendre que des lois qui veillent, et non de celles qui dorment.

Quant aux statuts plus récens qui se trouvent en opposition avec le droit public, ce n'est point aux préteurs, c'est aux rois, c'est à des conseils plus augustes, c'est aux pouvoirs suprêmes qu'il appartient d'y porter remède, en suspendant leur exécution par des édits ou des actes, jusqu'au retour des comices ou de toute autre assemblée du même genre, ayant le pouvoir de les abroger, de façon que le salut du peuple ne périclite pas dans l'intervalle.

SECTIO IX.

DE NOVIS DIGESTIS LEGUM.

LIX.

Quòd si leges aliæ super alias accumulatæ, in tam vasta excreverint volumina, aut tantâ confusione laboraverint, ut eas de integro retractare, et in corpus sanum et habile redigere, ex usu sit, id ante omnia agito; ATQUE OPUS EJUSMODI OPUS HEROICUM ESTO : atque auctores talis operis inter legislatores et instauratores ritè et meritò numerantor.

LX.

HUJUSMODI legum expurgatio, et digestum novum, quinque rebus absolvitur. Primò omittantur obsoleta, quæ Justinianus *antiquas fabulas* vocat. Deindè ex antino-

SECTION IX.

DE LA REFONTE DES LOIS.

59.

(21) Si les lois entassées les unes sur les autres se sont accrues en un volume si considérable, ou sont tombées dans une confusion si grande qu'il soit utile de les refaire en entier pour n'en former qu'un corps sain et actif, que ce travail ait le pas sur tout autre. Tenez un tel œuvre pour un œuvre héroïque, et comptez ses auteurs parmi les fondateurs et les restaurateurs de la législation : ils y ont droit et le méritent.

60.

Cette purification, cette refonte des lois, exige cinq choses :

Il faut, 1° exclure les lois usées, que Justinien appelle de vieilles fables ;

miis recipiantur probatissimæ, aboleantur contrariæ. Tertiò *homoionomiæ*, sive leges quæ idem sonant, atque nil aliud sunt, quàm iterationes ejusdem rei, expungantur; atque una quæpiam ex iis, quæ maximè est perfecta, retineatur vice omnium. Quartò, si quæ legum nihil determinent, sed quæstiones tantùm proponant, easque relinquant indecisas, similiter facessant. Postremò, quæ verbosæ inveniuntur, et nimis prolixæ, contrahantur magis in arctum.

LXI.

Omnino verò ex usu fuerit, in novo Digesto legum, leges pro jure communi receptas, quæ tanquam immemoriales sunt in origine suâ, atque, ex alterâ parte, statuta de tempore in tempus superaddita, seorsùm digerere et componere : cùm, in plurimis rebus, non eadem sit, in jure dicendo, juris communis et statutorum interpretatio, et administratio. Id quod fecit Tribonianus in Digesto et Codice.

2° Adopter dans les antinomies le sens raisonnable, et rejeter celui qui ne l'est pas;

3°. Supprimer les *homoïonomies* ou les lois qui en répètent d'autres et n'en sont que la reproduction, en conservant les plus parfaites de ces lois pour tenir lieu de toutes;

4°. Supprimer aussi les lois qui ne déterminent rien, et se bornent à proposer des questions sans les résoudre;

5° Enfin serrer le style de celles qui paraissent verbeuses ou trop prolixes.

61.

Il sera très-bien aussi, dans la rédaction d'un nouveau Digeste, de séparer les lois qui sont de droit commun, et dont l'origine est comme immémoriale, des statuts que le temps y a successivement ajoutés; car, en jurisprudence, l'interprétation et l'application du droit commun ne ressemblent pas, sous bien des rapports, à celles des statuts. C'est la distinction qu'a faite Tribonien dans le Digeste et dans le Code.

LXII.

Verum in hujusmodi legum regeneratione, atque structurâ novâ veterum legum atque librorum, legis verba prorsùs et textum retineto : licet per centones, et portiones exiguas eas excerpere necesse fuerit. Ea deindè ordine contexito. Etsi enim fortassè commodiùs, atque etiam si ad rectam rationem respicias, meliùs hoc transigi posset per textum novum quàm per hujusmodi consarcinationem ; tamen in legibus, non tam stilus et descriptio, quàm auctoritas, et hujus patronus antiquitas spectanda est. Aliàs videri possit hujusmodi opus scholasticum potiùs quiddam, et methodus, quam corpus legum imperantium.

LXIII.

Consultum fuerit in novo Digesto legum, vetera volumina non prorsùs deleri, et in

62.

Mais, dans cette régénération et reconstruction des lois, conservez en général l'ancien texte, et jusqu'aux expressions des vieux recueils, fussiez-vous réduits à les extraire par centons et courts fragmens (22), sauf ensuite à en former un tissu régulier ; car si, à ne consulter que la droite raison, il vous semble qu'il serait mieux et plus commode de composer un nouveau texte que d'avoir recours à de semblables coutures, il faut songer qu'en fait de lois, c'est moins au style et à l'expression qu'il faut regarder qu'à l'autorité, et à l'antiquité, sa patrone : autrement, vous courez risque que votre ouvrage n'ait quelque chose de scholastique, et ne ressemble plutôt à une méthode didactique qu'à un corps de lois impératives.

63.

En formant un nouveau Digeste, il conviendra de ne pas détruire entièrement les anciens

oblivionem cadere, sed in bibliothecis saltem manere; licet usus eorum vulgaris et promiscuus prohibeatur. Etenim in causis gravioribus, non abs re fuerit legum præteritarum mutationes et series consulere, et inspicere; at certè solemne est antiquitatem præsentibus aspergere.

Novum autem hujusmodi corpus legum, ab iis, qui in politiis singulis habent potestatem legislatoriam, prorsùs confirmandum est; ne forte, prætextu veteres leges digerendi, leges novæ imponantur occultò.

LXIV.

Optandum esset, ut hujusmodi legum instauratio illis temporibus suscipiatur, quæ antiquioribus, quorum acta et opera retractant, litteris et rerum cognitione præstiterint. Quod secùs in opere Justiniani evenit. Infelix res namque est, cùm

recueils et de ne pas les mettre en oubli, mais de les conserver au moins dans les bibliothéques, sauf à ne pas en permettre l'usage au vulgaire et à toutes sortes de personnes indistinctement; car, dans les cas difficiles, il ne sera pas inutile de suivre et d'étudier l'enchaînement et les variations des anciennes lois. Il est certain que ce vernis d'antiquité, étendu sur le présent, lui donne de la solennité.

Cela n'empêche pas que votre nouveau corps de lois ne doive être sanctionné dans toutes ses parties par ceux qui, dans chaque gouvernement, ont le pouvoir législatif; de peur que, sous prétexte de refondre les anciennes lois, on n'en introduise de nouvelles, sans qu'on s'en aperçoive.

64.

Il serait à désirer qu'on n'entreprît une pareille restauration des lois que dans des temps supérieurs en lumières et en savoir aux temps plus anciens dont on réforme les actes et les œuvres : cet avantage a manqué à l'ouvrage de Justinien. En effet, c'est une chose déplorable que l'œuvre de l'antiquité soit mutilée

8

ex judicio et delectu ætatis minùs prudentis et eruditæ, antiquorum opera mutilentur, et recomponantur. Verumtamen sæpè necessarium est quod non optimum.

Atque de legum obscuritate, quæ à nimiâ et confusâ earum accumulatione fit, hæc dicta sint. Jam de descriptione earum, ambiguâ et obscurâ, dicendum.

et reconstruite suivant ce qu'il plaît à un siècle moins sage et moins éclairé de décider et de choisir. Toutefois, ce qui n'est pas bien est souvent nécessaire.

Voilà ce que nous avions à dire de l'obscurité qui naît de l'excessive et confuse accumulation des lois; nous allons parler maintenant de l'ambiguïté et de l'obscurité dans la rédaction des lois.

SECTIO X.

DE DESCRIPTIONE LEGUM PERPLEXA ET OBSCURA.

LXV.

DESCRIPTIO legum obscura oritur, aut ex loquacitate et verbositate earum, aut rursùs ex brevitate nimiâ, aut ex prologo legis, cum ipso corpore legis pugnante.

LXVI.

DE obscuritate verò legum, quæ ex earum descriptione pravâ oritur, jam dicendum est. Loquacitas, quæ in præscribendo leges in usum venit, et prolixitas non placet. Neque enim, quod vult et captat ullo modo assequitur, sed contrarium potiùs. Cùm enim casus singulos particulares, verbis appositis et propriis persequi et expri-

SECTION X^e.

DE L'AMBIGUÏTÉ ET DE L'OBSCURITÉ DANS LA RÉDACTION DES LOIS.

65.

L'OBSCURITÉ dans la rédaction des lois vient de la loquacité de cette rédaction et de la multiplicité des mots qu'elle emploie, ou de son excessive brièveté, ou enfin de la contradiction qui existe entre le préambule et le corps même de la loi.

66.

PARLONS d'abord de l'obscurité qui résulte de la mauvaise rédaction des lois.

Je n'aime point la prolixité dans les lois, ni cette loquacité avec laquelle on est dans l'usage de les rédiger : une diction verbeuse nuit à la clarté, loin de la servir; et les efforts qu'on se donne pour tout prévoir et tout spécifier, afin de ne rien laisser au doute, fait naître des mots mêmes une foule de questions. Enfin tout ce

mere contendat, majorem inde sperans certitudinem, è contra quæstiones multiplices
parit de verbis, ut difficiliùs procedat interpretatio secundùm sententiam legis,
(quæ sanior est et verior) propter strepi-
tum verborum.

LXVII.

NEQUE propterea nimis concisa et affec-
tata brevitas, majestatis gratiâ, et tanquam
magis imperatoria, probanda est; præsertim his seculis, ne forte sit lex instar regulæ
Lesbiæ. Mediocritas ergo assectanda est;
et verborum exquirenda generalitas, bene
terminata; quæ licet casus comprehensos
non sedulò persequatur, attamen non comprehensos satis perspicuè excludat.

LXVIII.

IN legibus tamen, atque edictis ordinariis, et politicis, in quibus, ut plurimùm,

bourdonnement de paroles n'aboutit qu'à rendre plus difficile une interprétation conforme à l'esprit de la loi, le meilleur et le plus sûr de tous les guides.

67.

Il ne s'ensuit pas qu'on doive approuver l'affectation d'une brièveté trop concise, sous prétexte que cette brièveté donne aux lois un ton plus impératif et plus majestueux; ce laconisme ne convient plus dans nos temps modernes, à moins que nous ne voulions que la loi ressemble à la règle de Lesbos (23). Il y a donc un juste milieu qu'il faut savoir tenir : faites choix d'expressions générales, mais bien déterminées, qui, sans spécifier minutieusement tous les cas qu'elles comprennent, excluent néanmoins clairement tous ceux qu'elles ne comprennent pas.

68.

Toutefois, s'agit-il de lois et d'édits d'ordre politique et administratif, pour l'intelligence

nemo jurisconsultum adhibet, sed suo sensui confidit, omnia fusiùs explicari debent, et ad captum vulgi, tanquam digito monstrari.

LXIX.

Neque nobis prologi legum, qui inepti olim habiti sunt, et leges introducunt disputantes, non jubentes, utique placerent, si priscos mores ferre possemus. Sed prologi isti legum plerumquè (ut nunc sunt tempora) necessariò adhibentur, non tam ad explicationem legis, quàm instar suasionis, ad perferendam legem in comitiis; et rursùs ad satisfaciendum populo. Quantùm fieri potest tamen prologi evitentur, et lex incipiat à jussione.

LXX.

Intentio et sententia legis, licet ex præfationibus et præambulis (ut loquuntur) non malè quandoque eliciatur; attamen

desquels personne n'a recours à un jurisconsulte, chacun s'en rapportant à leur égard à son propre sens; il faut les développer davantage, afin de les mettre à la portée du vulgaire; faites qu'il les touche en quelque sorte au doigt.

69.

JE n'aime pas davantage ces *préambules* de lois qu'autrefois on jugeait inutiles, et qui substituent le ton de la discussion à celui du commandement; mais nous ne sommes pas capables de supporter l'austérité des formes antiques. Ainsi, eu égard au temps où nous vivons, ces préambules sont souvent nécessaires, moins pour l'intelligence de la loi que comme moyen de persuasion pour la faire adopter aux comices et goûter du peuple. Toutefois, évitez les préambules autant que vous le pourrez, et faites que la loi soit impérative dès le premier mot.

70.

QUOIQUE ce qu'on appelle *préfaces* et *préambules* fasse quelquefois assez bien ressortir l'intention et l'esprit de la loi, ce n'est cependant

latitudo aut extensio ejus, ex illis minimè peti debet. Sæpe enim præambulum arripit nonnulla ex maximè plausibilibus, et speciosis ad exemplum, cùm lex tamen multò plura complectatur : aut contrà lex restringit et limitat complura, cujus limitationis rationem, in præambulo inseri non fuerit opus. Quare dimensio et latitudo legis ex corpore legis petenda. Nam præambulum, sæpè aut ultrà aut citrà cadit.

LXXI.

Est verò genus perscribendi leges valdè vitiosum. Cùm scilicet casus ad quem lex collimat, fusè exprimitur in præambulo : deindè ex vi verbi talis aut hujusmodi relativi, corpus legis retrò vertitur in præambulum, undè præambulum inseritur et incorporatur ipsi legi : quod et obscurum est, et minùs tutum, quia non eadem adhiberi consuevit diligentia in ponderandis et examinandis verbis præambuli, quæ adhibetur in corpore ipsius legis.

jamais là qu'il faut chercher de quelle latitude et de quelle extension elle est susceptible. En effet, souvent le préambule s'empare, à titre d'exemples, de certains faits parmi les plus plausibles et les plus spécieux, tandis que la loi en embrasse un bien plus grand nombre; d'autres fois, au contraire, la loi contient des restrictions et des limitations dont il n'est pas besoin d'insérer la raison dans le préambule. Ainsi donc c'est dans le corps de la loi même qu'il faut chercher la vraie mesure de la loi, puisque souvent le préambule ou s'arrête en deçà, ou va au delà.

71.

Mais il est une manière très-vicieuse de rédiger les lois : par exemple, lorsqu'on s'étend beaucoup, dans le préambule, sur l'espèce que la loi a en vue, et qu'ensuite, à l'aide d'un mot ou d'un équivalent, le corps de la loi se réfère au préambule. De cette façon, le préambule entre dans la loi et s'y incorpore, ce qui y jette de l'obscurité et n'est rien moins que sûr. En effet, d'ordinaire, les expressions du préambule ne sont pas examinées et pesées avec le même soin que celles du corps de la loi même.

Hanc partem de incertitudine legum, quæ ex malâ descriptione ipsarum ortum habet, fusiùs tractabimus quandò de interpretatione legum posteà agemus. Atque de descriptione legum obscurâ hæc dicta sint; jam de modis enucleandi juris dicendum.

Nous traiterons avec plus d'étendue de l'incertitude qui naît de la mauvaise rédaction des lois quand nous nous occuperons de leur interprétation. En voilà assez sur l'obscurité dans la rédaction des lois; passons aux moyens propres à donner aux lois de la clarté.

SECTIO XI.

DE MODIS ENUCLEANDI JURIS, ET TOLLENDI AMBIGUA.

LXXII.

Modi enucleandi juris, et tollendi dubia, quinque sunt. Hoc enim fit, aut per præscriptiones judiciorum; aut per scriptores authenticos; aut per libros auxiliares; aut per prælectiones; aut per responsa, sive consulta prudentum : hæc omnia, si benè instituantur, præsto erunt magna legum obscuritati subsidia.

SECTION XIe.

DES MOYENS D'ÉCLAIRCIR LE DROIT ET D'EN BANNIR LES AMBIGUÏTÉS.

72.

Il y a cinq moyens d'éclaircir le droit et d'en bannir les ambiguïtés :

1° La jurisprudence des arrêts;

2° Les écrivains qui font autorité;

3° Les commentaires;

4° Les livres élémentaires;

5° Les consultations et les avis des jurisconsultes.

Tous ces moyens, s'ils sont tels qu'ils doivent être, seront d'un grand secours contre l'obscurité des lois.

SECTIO XII.

DE PERSCRIPTIONE JUDICIORUM.

LXXIII.

ANTE omnia judicia reddita in curiis supremis et principalibus, atque causis gravioribus, præsertim dubiis, quæque aliquid habent difficultatis, aut novitatis, diligenter et cum fide excipiunto. Júdicia enim anchoræ legum sunt, ut leges reipublicæ.

LXXIV.

MODUS hujusmodi judicia excipiendi, et in scripta referendi, talis esto. Casus præcisè, judicia ipsa exactè præscribito; rationes judiciorum, quas adduxerunt judices, adjicito; casuum, ad exemplum adductorum auctoritatem, cum casibus principalibus ne commisceto; de advocatorum perorationibus, nisi quidpiam in iis fuerit admodùm eximium, sileto.

SECTION XII°.

DE LA COMPILATION DES ARRÊTS.

73.

Avant tout, recueillez avec soin et exactitude les jugemens rendus par les cours suprêmes et principales dans les causes les plus importantes, surtout dans celles qui présentent des questions douteuses et offrent quelque chose de difficile et de nouveau ; car les jugemens sont les ancres des lois, comme les lois sont celles de l'État.

74.

Voici la manière de recueillir ces jugemens et de les transcrire : Précisez bien les questions, puis transcrivez fidèlement les solutions données par les juges ; joignez-y les considérans dont ils les ont étayées. Ne confondez pas les cas principaux avec ceux dont l'autorité n'a été invoquée que pour servir d'exemples. Quant aux plaidoyers des avocats, à moins qu'il ne s'y trouve quelque chose d'excellent, n'en parlez pas.

LXXV.

PERSONÆ, quæ hujusmodi judicia excipiant, ex advocatis maximè doctis sunto, et honorarium liberale ex publico excipiunto. Judices ipsi ab hujusmodi perscriptionibus abstinento; ne fortè opinionibus propriis addicti, et auctoritate propriâ freti, limites referendarii transcendant.

LXXVI.

JUDICIA illa, in ordine, et serie temporis, digerito, non per methodum et titulos. Sunt enim scripta ejusmodi tanquam historiæ, aut narrationes legum. Neque solùm acta ipsa, sed et tempora ipsorum, judici prudenti, lucem præbent.

75.

Que les personnes qui feront ces recueils soient prises parmi les plus doctes avocats (*a*), et qu'ils soient libéralement rétribués par le trésor public; mais que les juges s'abstiennent de ce travail, dans la crainte que, préoccupés de leurs opinions personnelles et abusant de l'autorité qui leur est propre, ils ne franchissent les limites dans lesquelles doivent se renfermer de simples rapporteurs.

76.

Rangez les jugemens dans l'ordre et la suite des temps, et non dans une forme méthodique et par classes; car des écrits de ce genre sont comme les mémoires historiques des lois. Or un juge prudent puise la lumière non-seulement dans les actes eux-mêmes, mais encore dans les temps auxquels ils se réfèrent.

(*a*) Pourvu toutefois qu'ils n'aient pas occupé dans les causes qu'ils rapportent. Le jurisconsulte arrêtiste devrait être un fonctionnaire public; les recueils d'arrêts en tireraient une authenticité qui leur manque; ils prendraient un caractère officiel qui commanderait la confiance, et mettrait un terme à la confusion où gémit la jurisprudence. Le Bulletin officiel de la Cour de cassation satisfait en partie à ce vœu; pourquoi chaque Cour royale n'a-t-elle pas aussi son bulletin officiel?

SECTIO XIII.

DE SCRIPTORIBUS AUTHENTICIS.

LXXVII.

Ex legibus ipsis, quæ jus commune constituunt; deinde ex constitutionibus sive statutis; tertio loco ex judiciis perscriptis, corpus juris tantummodo constituitor. Præter illa, alia authentica, aut nulla sunto, aut parcè recipiuntor.

LXXVIII.

Nil tam interest certitudinis legum (de quâ nunc tractamus) quàm ut scripta authentica, intra fines moderatos, coerceantur et facessat multitudo enormis auctorum, et doctorum in jure; unde laceratur sententia legum, judex fit attonitus,

SECTION XIIIe.

DES ÉCRIVAINS QUI FONT AUTORITÉ.

77.

Que les seuls élémens de votre corps de droit soient :

1° Les lois dont se compose le droit commun ;

2° Les constitutions ou statuts ;

3° Les arrêts qui font jurisprudence.

Hors de là, il n'est point d'autorités, ou s'il en est, il ne faut les admettre qu'avec beaucoup de réserve.

78.

Rien n'importe autant pour donner aux lois de la certitude, objet dont nous nous occupons en ce moment, que de borner le nombre des écrits qui font autorité. Il convient de réduire à l'utile cette multitude immense d'auteurs et de docteurs en droit. Parfois ils dénaturent tel-

processus immortales, atque advocatus ipse, cùm tot libros perlegere et vincere non possit, compendia sectatur. Glossa fortassè aliqua bona; et ex scriptoribus classicis pauci, vel potiùs scriptorum paucorum pauculæ portiones, recipi possint pro authenticis. Reliquorum nihilominus maneat usus nonnullus in bibliothecis, ut eorum tractatus inspiciant judices, aut advocati, cùm opus fuerit : sed in causis agendis, in foro citare eos non permittitor, nec in auctoritatem transeunto.

lement l'esprit des lois, que le juge étonné ne sait plus où le trouver; cependant les procès s'éternisent, et l'avocat lui-même, dans l'impossibilité de lire tant de livres et d'en retenir le contenu, recherche les abrégés. Il existe tout au plus sur chaque matière une glose qui mérite d'être conservée, et parmi les écrivains classiques eux-mêmes il en est peu qui soient dignes de faire autorité, encore faut-il se borner à quelques parties de leurs ouvrages. Il ne sera pourtant pas inutile de conserver les autres dans les bibliothèques, pour que les juges ou les avocats puissent, au besoin, y jeter un coup d'œil; mais qu'il ne soit pas permis de les citer au barreau, et surtout qu'ils ne fassent point autorité.

SECTIO XIV.

DE LIBRIS AUXILIARIBUS.

LXXIX.

At scientiam juris, et practicam, auxiliaribus libris ne nudanto, sed potiùs instruunto. Ii sex in genere sunto. Institutiones. De verborum significatione. De regulis juris. Antiquitates legum. Summæ. Agendi formulæ.

LXXX.

Præparandi sunt juvenes et novitii ad scientiam, et ardua juris, altius et commodiùs haurienda, et imbibenda, per institutiones. Institutiones illas, ordine claro et

SECTION XIVe.

DES COMMENTAIRES.

79.

Toutefois il ne faut pas priver la science et la pratique de l'usage des commentaires, il faut plutôt leur en prêter le secours. Il est six espèces de commentaires :

1° Les institutions ou ouvrages élémentaires;
2° Les vocabulaires;
3° Les règles de droit;
4° Les antiquités du droit;
5° Les abrégés;
6° Les formules d'actions.

80.

C'est par des ouvrages élémentaires qu'il faut préparer les jeunes gens et les élèves à la science et aux difficultés du droit. C'est le moyen de les mettre à même de puiser plus aisément et plus

perspicuo componito. In illis ipsis, universum jus privatum percurrito; non alia omittendo, in aliis plus satis immorando, sed ex singulis quædam breviter delibando, ut ad corpus legum perlegendum accessuro, nil se ostendat prorsùs novum, sed levi aliquâ notione præceptum. Jus publicum in institutionibus ne attingito, verùm illud ex fontibus ipsis hauriatur.

LXXXI.

COMMENTARIUM de vocabulis juris conficito. In explicatione ipsorum, et sensu reddendo, ne curiosè nimis aut laboriosè versator. Neque enim hoc agitur, ut definitiones verborum quærantur exactè, sed explicationes tantùm, quæ legendis juris libris viam aperiant faciliorem. Tractatum autem istum, per litteras alphabeti ne de-

avant dans les sources, et de se mieux pénétrer des eaux qu'elles recèlent.

Composez ces ouvrages dans un ordre clair
et facile à saisir. Parcourez-y tout l'ensemble du
droit privé, sans omettre certaines parties, et
sans vous arrêter sur d'autres, plus qu'il ne convient. Touchez légèrement chaque chose, de
telle sorte que le lecteur, lorsqu'il abordera le
corps entier des lois, n'y trouve rien d'absolument nouveau, et que l'étude qu'il en fera soit
précédée de quelque notion de la matière.

Quant au droit public, de simples élémens
n'y sauraient atteindre, c'est aux sources mêmes
qu'il faut puiser.

81.

Composez un vocabulaire de droit, mais sans
vous attacher trop curieusement et avec un soin
trop minutieux à rendre et à expliquer le sens
rigoureux des mots : car il ne s'agit point ici
de donner des définitions exactes, mais de simples éclaircissemens qui facilitent l'étude et
l'accès des livres de droit qu'il importe de lire.
Au reste, ne rédigez pas ce traité dans l'ordre
alphabétique, que vous réserverez pour la table,

gerito : id indici alicui relinquito : sed collocentur simul verba quæ circa eamdem rem versantur, ut alterum alteri sit juvamento ad intelligendum.

LXXXII.

Ad certitudinem legum facit (si quid aliud) tractatus bonus et diligens, *de diversis regulis juris*. Is dignus est, qui maximis ingeniis, et prudentissimis jureconsultis, committatur. Neque enim placent, quæ in hoc genere extant. Colligendæ autem sunt regulæ, non tantùm notæ et vulgatæ, sed et aliæ magis subtiles et reconditæ, quæ ex legum, et rerum judicatarum harmoniâ extrahi possint; quales in rubricis optimis quandoque inveniuntur : suntque dictamina generalia rationis, quæ per materias legis diversas percurrunt, et sunt tanquam saburra juris.

mais classez ensemble les mots qui se rapportent au même sujet, de manière qu'ils s'éclaircissent mutuellement.

82.

S'IL est encore un ouvrage qui puisse contribuer à donner aux lois de la certitude, c'est un traité bien fait et soigné sur les règles du droit. L'exécution d'un tel œuvre mérite d'être confiée aux meilleurs esprits et aux jurisconsultes les plus sages; car je n'aime pas ce qu'on nous a donné jusqu'à ce jour dans ce genre. En effet, il ne suffit pas de recueillir des règles connues et banales, il en est d'autres plus déliées et plus secrètes que l'on pourrait extraire de l'harmonie des lois et de la jurisprudence. On en trouve quelquefois de telles dans les meilleures rubriques. Ce sont comme autant de préceptes de la raison universelle, applicables aux diverses matières du droit, et qui lui sont de la même utilité que le lest au vaisseau.

LXXXIII.

At singula juris scita, aut placita, non intelligantur pro regulis, ut fieri solet satis imperitè. Hoc enim si reciperetur, quot leges tot regulæ. Lex enim nil aliud quàm regula imperans. Verùm eas pro regulis habeto, quæ in formâ ipsâ justitiæ hærent : unde, ut plurimùm, per jura civilia diversarum rerumpublicarum eædem regulæ ferè reperiuntur ; nisi fortè propter relationem ad formas politiarum varient.

LXXXIV.

Post regulam, brevi et solido verborum complexu enuntiatam, adjiciantur exempla, et decisiones casuum, maximè luculentæ ad explicationem ; distinctiones, et exceptiones ad limitationem ; cognata ad ampliationem ejusdem regulæ.

83.

Toutefois il ne faut pas, comme on le fait souvent assez mal à propos, confondre les doctrines et les décisions avec les règles du droit. S'il en était ainsi, il y aurait autant de règles que de lois; car la loi n'est autre chose que la règle qui commande. Mais ne tenez pour règles que celles qui sont inhérentes à l'essence même de la justice : nous les retrouverons dans les lois civiles de presque tous les peuples, quelle que soit la diversité de leurs gouvernemens, à moins que la forme de leur constitution politique n'y ait changé quelque chose.

84.

La règle solidement posée, et énoncée en termes concis, vous y ajouterez des exemples et les décisions des questions les plus instructives, pour leur servir d'explication; des distinctions et des exceptions, pour en limiter le sens; des rapprochemens pour l'étendre.

LXXXV.

Recte jubetur, ut non ex regulis jus sumatur, sed ex jure quod est, regula fiat. Neque enim ex verbis regulæ petenda est probatio, ac si esset textus legis. Regula enim legem (ut acus nautica polos) indicat, non statuit.

LXXXVI.

Præter corpus ipsum juris, juvabit etiam antiquitates legum invisere, quibus, licet evanuerit auctoritas, manet tamen reverentia : pro antiquitatibus autem legum habeantur scripta circa leges et judicia, sive illa fuerint edita, sive non, quæ ipsum corpus legum tempore præcesserunt. Earum siquidem jactura facienda non est. Itaque ex iis, utilissima quæque excerpito (multa enim invenientur inania et frivola) eaque in unum volumen redigito : ne antiquæ fa-

85.

C'est avec raison qu'on recommande de ne pas puiser le droit dans les règles, mais bien les règles dans le droit; car ce n'est pas dans les termes dans lesquels sont conçues les règles qu'il faut aller chercher les bases d'une démonstration, comme on le ferait dans le texte d'une loi. Il en est de la règle à l'égard du droit, comme de la boussole à l'égard du pôle; elle l'indique, mais ne le fait pas.

86.

Outre le corps même du droit, on se trouvera bien de réviser ses antiquités : si elles ont perdu leur autorité, il leur reste encore le respect des peuples. Il faut compter au nombre de ces vieux monumens, les traités sur les lois et la jurisprudence, soit publiés, soit inédits, qui ont précédé dans l'ordre des temps le corps même des lois : ces documens eux-mêmes ne sont pas à dédaigner. Sans doute il s'en trouvera beaucoup d'inutiles et de frivoles; mais vous en trouverez aussi de très-utiles, dont il faudra composer un volume à

bulæ, ut loquitur Tribonianus, cum lēgibus ipsis misceantur.

LXXXVII.

PRACTICÆ verò plurimùm interest, ut jus universum digeratur ordine, in locos et titulos, ad quos subitò (prout dabitur occasio) recurrere quis possit, veluti in promptuarium paratum ad præsentes usus. Hujusmodi libri summarum et ordinant sparsa, et abbreviant fusa et prolixa in lege. Cavendum autem est ne summæ istæ reddant homines promptos ad practicam, cessatores in scientiâ ipsâ. Earum enim officium est tale, ut ex iis recolatur jus, non perdiscatur. Summæ autem omninò magnâ diligentiâ, fide et judicio, sunt conficiendæ, ne furtum faciant legibus.

part, de peur que l'on ne confonde, suivant l'expression de Tribonien, de vieilles fables avec les lois elles-mêmes.

87.

Il est essentiel pour la pratique que l'ensemble du droit soit méthodiquement distribué en titres et chapitres, auxquels on puisse à l'instant recourir, suivant l'occurrence, comme à un buffet toujours servi pour les besoins présens. Ces sortes de livres, qu'on appelle abrégés, classent ce qui est épars dans la loi, et resserrent ce qui y est diffus et prolixe. Toutefois il faut prendre garde que de tels abrégés, en rendant la pratique très-facile, ne fassent oublier la science elle-même. L'objet de ces ouvrages est d'offrir un résumé du droit, mais non d'en donner la connaissance. Au reste, ces abrégés doivent être composés avec un grand soin, avec beaucoup d'exactitude et de jugement, afin de ne rien laisser échapper d'essentiel dans les lois.

LXXXVIII.

FORMULAS agendi diversas in uno quoque genero colligito. Nam et practicæ hoc interest; et certè pandunt illæ oracula et occulta legum. Sunt enim non pauca, quæ latent in legibus : at in formulis agendi meliùs et fusiùs perspiciuntur, instar pugni et palmæ.

88.

RECUEILLEZ les diverses formules d'actions en chaque genre; car les formules aussi sont importantes pour la pratique; elles expliquent les oracles et les mystères des lois. Bien des choses, en effet, sont cachées dans les lois, qui se laissent voir plus distinctement et avec plus d'étendue dans les formules d'actions. Il existe entre les lois et les formules la même différence qu'entre la main fermée et la main ouverte (*a*).

(*a*) Cette comparaison est empruntée de Zénon, chef des stoïciens, qui comparait la logique à la main fermée, et la rhétorique à la main ouverte.

SECTIO XV.

DE RESPONSIS ET CONSULTIS.

LXXXIX. 

DUBITATIONES particulares, quæ de tempore in tempus emergunt, dirimendi et solvendi aliqua ratio iniri debet. Durum enim est, ut ii, qui ab errore cavere cupiant, ducem viæ non inveniant; durum ut actus ipsi periclitentur, neque sit aliquis ante rem peractam juris prænoscendi modus.

XC.

RESPONSA prudentum, quæ petentibus dantur de jure, sive ab advocatis, sive à doctoribus, tantâ valere auctoritate, ut ab eorum sententiâ judici recedere non sit licitum, non placet; jura à juratis judicibus sumunto.

SECTION XVe.

DES RÉPONSES CONSULTATIVES.

89.

Des doutes sur des questions particulières s'élèvent de temps en temps; il faut chercher une méthode pour les trancher et les résoudre; car il est dur, quand ou désire éviter l'erreur, de ne pas trouver de guide; il est dur d'agir au milieu des périls sans pouvoir pressentir, avant d'avoir agi, ce que le droit permet et ce que le droit défend.

90.

Je n'aime pas que les consultations des avocats et des docteurs obtiennent tant d'autorité, que le juge ne puisse s'en écarter. Ne recevez la justice que de celui qui tient de son serment le droit de la rendre.

XCI.

Tentari judicia, per causas et personas fictas, ut eo modo experiantur homines, qualis futura sit legis norma, non placet. Dedecorat enim majestatem legum, et pro prævaricatione quâpiam censenda est. Judicia autem aliquid habere ex scenâ, deforme est.

XCII.

Judicum igitur solummodò tam judicia, quàm responsa, et consulta, sunto. Illa de litibus pendentibus, hæc de arduis juris quæstionibus in thesi. Ea consulta, sive in privatis rebus, sive in publicis, à judicibus ipsis ne poscito (id enim si-fiat, judex transeat in advocatum), sed à principe aut statu. Ab illis ad judices demandentur. Judices verò, tali auctoritate freti, disceptationes advocatorum, vel ab his, quorum interest, adhibitorum, vel à judicibus ipsis, si opus

91.

Je n'aime pas non plus qu'à l'aide de personnages feints, et dans des causes imaginaires, on fasse des essais de jugemens, afin de sonder d'avance quelle application on fera de la loi, lorsqu'il s'agira de personnes véritables ; cette pratique dégrade la majesté de la loi, et n'est pas exempte d'une sorte de prévarication : c'est avilir les jugemens que d'y mêler quelque chose des jeux de la scène (25).

92.

Que les juges aient seuls le droit de juger les procès pendans devant eux, et de donner des consultations sur les questions ardues qui leur seront soumises. Ne demandez pas directement aux juges ces consultations, soit qu'elles se réfèrent à des affaires privées, soit qu'elles se réfèrent à des affaires publiques ; sans quoi le juge ne serait plus qu'un avocat ; mais adressez-vous au prince ou au gouvernement ; que ce soit par ceux-ci que les juges soient consultés. Forts d'une telle autorité, les juges écouteront les discussions des avocats appelés par les par-

sit, assignatorum, et argumenta ex utrâque parte audiunto; et re deliberatâ jus expediunto, et declaranto. Consulta hujusmodi inter judicia referunto et edunto, et paris auctoritatis sunto.

———

ties intéressées, ou par la justice elle-même, si cela est nécessaire, et, les opinions contraires débattues, après en avoir délibéré, ils rendront sur le droit une décision déclaratoire. Mettez de telles consultations au rang des jugemens, et qu'elles jouissent de la même autorité.

SECTIO XVI.

DE PRÆLECTIONIBUS.

XCXIII.

PRÆLECTIONES de jure, atque exercitationes eorum, qui juris studiis incumbunt et operam dant, ita instituuntor, et ordinantor, ut omnia tendant ad quæstiones, et controversias de jure, sedandas potiùs quàm excitandas. Ludus enim (ut nunc fit) ferè apud omnes instituitur, et aperitur, ad altercationes, et quæstiones de jure multiplicandas, tanquam ostentandi ingenii causâ. Atque hoc vetus est malum. Etenim etiam apud antiquos gloriæ fuit, tanquam per sectas et factiones, quæstiones complures de jure, magis fovere quàm extinguere. Id ne fiat, provideto.

SECTION XVIᵉ.

DES LEÇONS PUBLIQUES.

93.

Organisez les leçons publiques sur le droit, et réglez les exercices de ceux qui étudient cette science de manière à affaiblir plutôt qu'à exciter l'esprit de controverse : car aujourd'hui on ne voit presque partout que luttes, altercations et discussions de droit, dont l'unique but est de mettre chacun à même de faire montre de son esprit. Au reste, cet abus n'existe pas d'hier : les anciens se plaisaient également à agiter des questions de droit avec la chaleur que les partis et les sectes mettent toujours dans leurs discussions. Faites ce que vous pourrez pour faire cesser cet abus.

SECTIO XVII.

DE VACILLATIONE JUDICIORUM.

XCIV.

Vacillant judicia, vel propter immaturam et præfestinatam sententiam, vel propter æmulationem curiarum, vel propter malam et imperitam perscriptionem judiciorum, vel propter viam præbitam ad rescisionem eorum nimis facilem et expeditam. Itaque providendum est, ut judicia emanent, maturâ deliberatione priùs habitâ, atque ut curiæ se invicem revereantur; atque ut judicia perscribantur fideliter et prudenter, utque via ad rescendenda judicia sit arcta, confragosa, et tanquam muricibus strata.

SECTION XVIIe.

DES VACILLATIONS DE LA JURISPRUDENCE.

94.

La jurisprudence est vacillante, soit parce que les décisions n'ont pas été suffisamment mûries, soit à cause de la rivalité des cours, soit à cause de la mauvaise rédaction des jugemens, soit enfin à cause de la trop grande facilité qu'on laisse aux parties de faire annuler les décisions de la justice. Veillez donc à ce que les jugemens soient le fruit d'une mûre délibération. Faites que les cours respectent mutuellement leurs droits, que les jugemens soient rédigés avec prudence et fidélité; que la voie pour faire annuler les jugemens soit étroite, scabreuse et hérissée de difficultés.

XCV.

Si judicium redditum fuerit, de casu aliquo, in aliquâ curiâ principali, et similis casus intervenerit, in aliâ curiâ, ne procedito ad judicium, antequam fiat consultatio in collegio aliquo judicum majore; judicia enim reddita, si forte rescindi necesse sit, saltem sepeliuntor cum honore.

XCVI.

Ut curiæ de jurisdictione digladientur, et conflictentur, humanum quiddam est; eòque magis, quòd per ineptam quamdam sententiam, quòd boni et strenui sit judicis ampliare jurisdictionem curiæ, alatur planè ista intemperies, et calcar addatur, ubi freno opus est. Ut verò ex hâc animorum contentione, curiæ judicia utrobique reddita, quæ nil ad jurisdictionem pertinent, libenter rescindant, intolerabile malum; et à regibus, aut senatu, aut politiâ planè vin-

95.

. Une question déjà décidée par une cour supérieure se représente-t-elle devant une autre cour ; que cette dernière ne la juge point sans s'être au préalable éclairée d'une consultation prise dans un collége de magistrats plus élevés, afin que, s'il devient nécessaire de revenir sur la doctrine précédemment adoptée, cette doctrine soit au moins ensevelie avec honneur.

96.

Qu'il s'élève des débats et des conflits de juridiction entre les cours de justice, c'est un inconvénient attaché en quelque sorte à l'humanité ; mais que des juges croient leur honneur intéressé à l'extension de la juridiction de leur cour, voilà ce qui est ridicule. Comment se corrigeraient-ils de cette faiblessse ? leur vanité trouve un aiguillon où il faudrait qu'elle trouvât un frein : aussi, par suite de ces rivalités, les cours se font un jeu de transgresser leurs juridictions respectives, et d'annuler les jugemens les unes des autres ; c'est un abus intolérable que les rois, les assemblées

dicandum. Pessimi enim exempli res est,
ut curiæ, quæ pacem subditis præstant,
inter se duella exerceant.

XCVII.

Non facilis esto, aut proclivis ad judicia
rescindenda aditus, per appellationes, aut
impeditiones de errore, aut revisus, et similia. Receptum apud nonnullos est, ut lis
trahatur ad forum superius, tanquam res
integra; judicio inde dato seposito, et planè
suspenso. Apud alios verò, ut judicium
ipsum maneat in suo vigore, sed executio
ejus tantùm cesset. Neutrum placet; nisi
curiæ, in quibus judicium redditum sit,
fuerint humiles, et inferioris ordinis : sed
potiùs, ut et judicium stet, et procedat ejus
executio, modò cautio detur à defendente,
de damnis et expensis, si judicium fuerit
rescissum.

nationales et tous les gouvernemens doivent songer sérieusement à extirper; car il est d'un déplorable exemple que des cours destinées à entretenir la paix parmi les justiciables ne cessent de guerroyer entre elles.

97.

NE laissez pas une pente et un accès trop faciles à l'annulation des jugemens par la voie des appels, des pourvois pour cause d'erreur, des rescisions, et par autre semblable recours.

Quelques jurisconsultes professent, que les procès arrivent entiers au tribunal supérieur; c'est-à-dire que, pendant l'appel, le jugement de première instance demeure à l'écart et pleinement suspendu. D'autres, au contraire, veulent que ce jugement conserve sa force, et que son exécution soit seulement arrêtée.

Je ne partage ni l'une ni l'autre opinion. A moins que le jugement n'émane de tribunaux subalternes et d'un ordre inférieur, il est mieux que le jugement soit provisoirement maintenu; qu'il ait même son exécution, pourvu que le défendeur à l'appel donne caution des dommages-intérêts et des frais, pour le cas où l'annulation viendrait à être prononcée.

NOTES.

(1*) En général, on reproche aux philosophes de beaucoup trop aimer les théories. Tous ceux qui ont écrit sur les lois, depuis Platon jusqu'a l'abbé de Saint-Pierre, ne nous ont donné que des utopies. Quant aux travaux des jurisconsultes, quelque estimables qu'ils soient, ce ne sont que des compilations ou des commentaires qui déposent sans doute du vaste savoir de leurs anteurs, mais qui ne sortent pas du cercle étroit de l'art et de la pratique. La direction que les jurisconsultes donnent à leurs études et à leur esprit concentre leur vue sur des matières spéciales qui les empêchent de bien saisir l'ensemble des lois. Ils raisonnent en général sur le Droit Naturel, sur le Droit des Gens, sur le Droit Public, comme ils feraient sur une loi écrite et positive. Montesquieu sentait si bien que l'habitude de juger des intérêts privés borne la vue, qu'il quitta la magistrature, sans quitter le monde, lorsqu'il résolut d'examiner les lois des peuples et d'en étudier l'esprit.

Pour bien écrire sur les lois, il faut donc être à la fois jurisconsulte et philosophe; et c'est ce que sont ou doivent être les hommes d'État.

(1) Il est bien rare qu'un homme soit juste dans sa propre cause, et que le souvenir de l'injustice qu'il a éprouvée lui-même n'altère pas son équité naturelle. Hors de la loi civile, il n'y a de repos que pour l'homme armé; et encore, quel repos ! un État ne saurait exister ainsi. (*Voyez*

Beccaria, *des Délits et des peines* ; chap. 11 , *de l'origine des peines et du droit de punir.*)

(2) Remède pire que le mal! S'il arrive qu'on y ait recours, le citoyen paisible doit en attendre l'effet, comme on attend celui d'un tremblement de terre ou d'un orage. Le meilleur moyen de prévenir les révolutions, c'est de faire des lois qui protégent également tout le monde. Si , favorables au petit nombre , elles sont préjudiciables au plus grand et au plus fort, celui-ci les détruira. Il est un moyen d'amortir la violence des changemens devenus inévitables ; c'est d'imiter le temps, qui innove beaucoup, mais insensiblement, sans bruit, et pour ainsi dire pas à pas : *Prudenter igitur facient homines, si in innovationibus suis à tempore exemplum petant : tempus enim innovat vel maximé sed tacité , pedetentim ac sine sensu.* (Bacon, *Sermones fideles.* — *De innovationibus.*)

(3) Le magistrat, c'est la loi parlante ; la loi, c'est le magistrat muet : *Magistratus lex est loquens , lex autem tacens magistratus.*

(4) Autant vaut qu'il n'y ait pas de lois que des lois incertaines, *nunc quid interest, nullæ sint, an incertæ leges?* (Quintilien.)

(5) Peut-on dire d'une manière générale, comme le dit ici Bacon, que les lois sont incertaines quand elles ne sont pas écrites? Il fallait distinguer.

Il est des lois qui ne sont écrites dans aucun Code, et qui n'en sont pas moins certaines ; ce sont celles que la nature a gravées dans le cœur de tout homme venant dans ce monde, *non datæ , sed natæ leges* , dit Cicéron ; lois si évidentes et si certaines, qu'il est inutile de les écrire.

Il en est d'autres si voisines des lois écrites, qu'elles n'en sont en quelque sorte que les conséquences, et que celles-ci font deviner celles-là. Ce sont ces lois, qui ne sont pas positives par elles-mêmes, mais seulement par accession, que Bacon a ici en vue : il est clair que leur application doit quelquefois engendrer de l'incertitude.

Quant aux lois que ne dicte pas l'équité naturelle, et qui ne rentrent pas, au moins comme conséquences, dans l'esprit des lois positives et écrites, il ne faut pas dire qu'elles sont incertaines, il faut dire qu'elles n'existent pas.

(6) Ceci revient à la règle, *salus populi suprema lex esto*, le salut du peuple est la suprême loi; règle d'une application souvent dangereuse! parce qu'elle peut être invoquée par tous les partis, qui ne manquent jamais de voir le salut du peuple dans leur triomphe personnel. Il n'est jamais bon qu'un seul honnête homme meure pour le salut de tous; car les lois sont faites pour tous les honnêtes gens, et jamais contre eux. L'ordre ne peut naître du désordre, et quel plus grand désordre que la mort d'un honnête homme! Horace a dit :

Ipsa quoque utilitas justi propè mater et æqui.

L'utilité publique est, sous bien des rapports, la mère de la justice et de l'équité.

Ce qui ne veut pas dire que l'utilité publique doive prévaloir sur la justice et l'équité.

(7) La procédure est la garantie du fond; on ne saurait s'en écarter sans tout mettre en péril. L'établissement d'une Cour de Cassation, conservatrice des formes légales, nous met aujourd'hui à l'abri de cet abus; mais avant la révolution les garanties étaient loin d'être aussi grandes; il était même de principe reçu, qu'en France les peines *étaient*

arbitraires. Il en était de même en Angleterre au temps de Bacon, et ce n'est que depuis Charles II qu'on y a adopté une jurisprudence différente. (*Voyez* le 22ᵉ *statut de Charles II*, chap. 7.)

(8) *Expressio, in dubio, censetur facta causâ demonstrationis.* (Dumoulin, *ancienne Coutume de Paris*, § 2, glos. 3, n° 7.) Lorsqu'il y a lieu de douter si une disposition est limitative ou démonstrative, le second parti doit par cela seul l'emporter.

(9) Les lois pénales ne sont jamais susceptibles d'extension ; il en est autrement des lois civiles. Par exemple, les dispositions du Code de commerce sur les assurances maritimes, sont applicables, sous bien des rapports, aux assurances contre l'incendie sur terre, qui n'existaient pas à l'époque où le Code a été promulgué.

(10) Il y a dans le latin *sapientissima autem res tempus.* Il me semble qu'ici *sapientissima* doit s'entendre du savoir, et non de la sagesse du temps. En effet, si nous consultons l'étymologie, *sapere* signifie savoir par expérience, *savoir après avoir goûté.*

(11) Fausse et pernicieuse doctrine ! Opposons Bacon à lui-même dans les aphorismes 8 et 53. La mission d'un juge est d'appliquer la loi, et non de la faire ; il ne peut et ne doit frapper qu'après que la loi a averti. Pouvait-on croire que la nation chez laquelle un chancelier a écrit l'aphorisme 34, pousserait un jour le respect pour la loi jusqu'à l'exagération ? Un homme qui avait volé deux moutons y fut acquitté, parce que la loi portait : *Quiconque aura volé un mouton*, etc.

« Rien n'est plus dangereux, dit Beccaria, que l'axiome

commun, *il faut consulter l'esprit de la loi :* adopter cet axiome, c'est rompre toutes les digues, et abandonner toutes les lois au torrent des opinions. Cette vérité me paraît démontrée, quoiqu'elle semble un paradoxe à ces esprits vulgaires qui sont plus fortement frappés d'un petit désordre actuel, que des suites éloignées, mais mille fois plus funestes, d'un seul principe faux établi chez une nation. (*Traité des délits et des peines ;* chap. *de l'interpr. des lois.*)

(12) Le droit de faire grâce n'appartient qu'au Roi; le juge ne doit pas plus adoucir la peine que l'aggraver. Je n'aime pas non plus que Bacon dise : *On doit secours à celui que la loi a blessé ;* la loi est impassible et ne blesse personne; mais on se blesse en l'enfreignant. (*Voyez* Beccaria, *des Délits, des peines et des grâces,* chap. 20.)

(13) On se plaît à voir un chancelier recommander la publicité des audiences, et vouloir que les jugemens soient motivés; il n'y a que le magistrat inique et ignorant qui craigne la lumière et qui trouve commode de condamner *pour les cas résultant du procès.* Notre jurisprudence ne mérite plus de reproches à cet égard ; toutefois elle s'est un peu relâchée de l'austérité de la loi du 3 brumaire an 11 (art. 10), sous l'empire de laquelle les juges délibéraient à haute voix et en public. Un pareil mode de délibération suppose dans les magistrats une vertu singulière et bien exempte de faiblesses. Cette loi était trop peu en harmonie avec l'infirmité humaine pour durer. Aujourd'hui le résultat seul de la délibération, le jugement, se prononce en public.

(14) Aujourd'hui un *supplément d'instruction.* Il y a néanmoins cette différence entre le plus ample informé et le supplément d'instruction, que celui-ci ne peut être

ordonné que jusqu'aux débats exclusivement, tandis que celui-là pouvait l'être en tout état de cause ; ce qui permettait de perpétuer indéfiniment une poursuite. Dans l'imperfection où était la législation criminelle au temps de Bacon, le plus ample informé indéfini était un remède indispensable contre les dangers de la précipitation ; mais dès que l'instruction criminelle, moins faillible dans ses recherches, a commencé à offrir plus de garantie aux accusés et à la société, on a senti que le plus ample informé indéfini était incompatible avec le principe d'après lequel *tout accusé non convaincu doit être réputé innocent.*

(15) La loi qui note d'infamie ne doit être que la simple expression de l'opinion publique sur la moralité du fait ; car la loi peut bien consacrer une peine d'infamie, mais non en créer une : c'est ici surtout que l'opinion est reine. C'est donc au moraliste à dicter au législateur les peines infamantes qu'il doit établir. (*Voyez* Beccaria, chap. xv, *de l'infamie.*)

(16) *De minimis non curat prætor.* Il est des crimes qui, par leur peu de gravité, échappent aux regards ; d'autres sont tellement honteux qu'ils semblent avoir fait baisser les yeux au législateur, qui a craint d'en souiller le recueil sacré des lois.

(17) Cette distinction réclamée par Bacon a été parfaitement observée dans l'institution des cours d'assises : le jury y statue sur le fait, la cour sur le droit ; celui-là, d'après les libres inspirations de sa conscience ; celle-ci, en se conformant au texte de la loi.

(18) A Rome, la concision des Douze-Tables était telle, qu'il fallait que le préteur, au moment d'entrer en exercice,

fit connaître aux justiciables comment il les entendait, et de quelle manière il comptait les appliquer. Mais comme il arrivait souvent que le préteur changeait plusieurs fois son programme dans le cours de sa gestion, pour satisfaire ses haines ou ses affections particulières, un sénatus-consulte décida que les préteurs seraient tenus de juger conformément à leurs propres édits, qui désormais seraient *perpétuels*, c'est-à-dire dureraient autant que leur gestion. Le droit prétorien en acquit plus de fixité.

Bacon s'est soumis le premier à l'usage dont il recommande ici l'adoption. Nommé chancelier en 1617, avant d'entrer en fonctions, il exposa publiquement, en pleine chancellerie, le tableau des règles auxquelles il comptait s'astreindre durant son ministère. Il parut en cela se conformer aux ordres de Jacques 1er, qu'il avait sans doute suggérés pour prêter plus d'autorité au grand exemple qu'il donnait, et que personne n'a suivi.

Quelques années après, lorsque Bacon fut mis en jugement, quel poids ce discours, qui est parvenu jusqu'à nous, ne dut-il pas ajouter à l'accusation! car, dit Bacon lui-même, les paroles ont d'autant plus de force qu'elles sont sorties de la bouche de celui à qui on les oppose : *Verba fortiùs accipiuntur contra proferentem.*

De notre temps, les hommes d'État n'ont pas besoin d'imiter les préteurs de Rome pour tomber souvent en contradiction avec eux-mêmes : nous aurions grand besoin d'un sénatus-consulte qui rendît leurs *jamais* et leurs *toujours* perpétuels.

(19) Cet aphorisme laisse beaucoup trop de latitude à l'arbitraire : à défaut d'avoir suffisamment expliqué sa pensée, Bacon paraît dire précisément le contraire de ce qu'il a dit dans l'aphorisme précédent. Je serais porté à croire qu'il veut parler de la nécessité de certaines lois dé-

claratives du sens des lois antérieures, qu'élude la mauvaise foi, si l'aphorisme 51 ne satisfaisait pas à cet objet.

(20) Bacon établit dans cet aphorisme la nécessité du recours au pouvoir législatif en cas d'incertitude. Ce recours a lieu chez nous après deux arrêts de cassation sur une même espèce, suivis de deux arrêts contraires rendus par des cours royales. Bacon a le mérite d'en avoir le premier posé le principe.

(21) Cette révision des lois, que Bacon désirait en Angleterre, et qu'il proposa au roi Jacques dans un écrit qui nous reste, a été ordonnée en France, le 7 janvier 1813, par un Décret dont l'Ordonnance du 18 février 1818 a reproduit les dispositions. Ce travail, commandé par le gouvernement impérial à plusieurs jurisconsultes distingués, au nombre desquels était M. Dupin, fut, depuis la restauration, exclusivement confié à ce dernier par MM. Pasquier, Siméon et de Serre. Personne n'était plus capable d'élever ce monument de législation, que réclament depuis long-temps les tribunaux, et dont chaque jour fait sentir davantage la nécessité. M. Peyronnet, dont l'administration laissera bien d'autres souvenirs, en a jugé autrement, et a révoqué M. Dupin. On ne fit jamais une application plus malheureuse du vers de Virgile

. . . . . *Timeo Danaos et dona ferentes.*

M. Dupin n'en a pas moins continué son travail, déjà fort avancé, quand il a plu au ministère de lui en retirer la commission.

(22) Cette observation me semble mesquine et puérile. Les lois tiennent leur empire sur les gens de bien de la persuasion ; et sur les méchans, de l'autorité. Un style et une couleur antiques n'inclinent pas les cœurs à l'obéis-

sance, mais rappellent à l'esprit la différence des temps ;
d'où quelquefois l'on infère, à tort sans doute, que les principes posés par les lois sont aussi surannés que la langue
qu'elles parlent.

(23) On est dans l'usage d'opposer la règle flexible *de
Lesbos* à la règle invariable *de Polyclète*. Ceci demande
quelque explication :

Les architectes, à Lesbos, se servaient d'une règle de
plomb pour mesurer toutes les espèces de surfaces, planes
et courbes. Bacon, en comparant à la règle de Lesbos les
lois conçues en style d'oracle, et qui disent tout ce qu'on
veut leur faire dire, imite Aristote, qui compare la morale
des Lesbiens à la règle de leurs architectes, qui se prêtait à toutes les formes. (Arist., *de Mor.*, lib. v, cap. 14.
Les précédens traducteurs semblent croire qu'il existait
à Lesbos une loi inintelligible à laquelle Bacon aurait voulu
faire allusion; ils se sont évidemment trompés. Burlamaqui
parle de la règle de Lesbos. (*Voyez* les *Principes du droit
de la nature*, tome III, page 483, édit. de 1820.)

Quant à la règle de Polyclète, voici ce qu'on lit dans le
Voyage du jeune Anacharsis, t. II, p. 260 et 261 (édit. compacte) : « Polyclète était un sculpteur de la ville d'Argos, qui
vivait du temps de Périclès. Il a rempli de ses ouvrages immortels le Péloponnèse et la Grèce. En ajoutant de nouvelles
beautés à la nature de l'homme, il surpassa Phidias; mais en
nous offrant l'image des dieux, il ne s'éleva point à la sublimité des idées de son rival : il choisissait ses modèles dans
la jeunesse et dans l'enfance, et l'on eût dit que la vieillesse
étonnait ses mains accoutumées à représenter les grâces.
Ce genre s'accommode si bien d'une certaine négligence,
qu'on doit louer Polyclète de s'être rigoureusement attaché à la correction du dessin : en effet, on a de lui une
figure où les proportions du corps humain sont tellement

observées, que, par un jugement irréfragable, les artistes
l'ont eux-mêmes appelé *le canon* ou *la règle.* »

(24) Les préambules ont quelquefois pour objet de déguiser l'intention du législateur. Guy Coquille en rapporte un exemple remarquable dans le dialogue intitulé : *des Causes des misères de la France.* (T. Ier, p. 219, édit. de 1803.)

(25) Bacon interdit avec raison aux juges ces fictions judiciaires ; ce qui n'empêche pas qu'elles ne soient fort utiles aux jeunes gens qui se destinent à la magistrature ou au barreau. Elles sont aujourd'hui connues au Palais sous le nom de *conférences*. Elles avaient autrefois acquis une espèce de célébrité sous celui de *Bazoche*. Dans l'aphorisme 93, Bacon signale les seuls abus à craindre dans ces conférences ; mais de ce qu'il voulait qu'on réglât l'usage de ces réunions, on ne saurait conclure qu'il entendait les proscrire : c'est la conclusion contraire qu'il faut tirer.

THE ELEMENTS

OF THE

COMMON LAWS OF ENGLAND,

OR

MAXIMS OF THE LAWS.

AXIOMA I^{um}.

IN jure, non remota causa, sed proxima spectatur.

ÉLÉMENS

DU

DROIT COMMUN D'ANGLETERRE,

OU

MAXIMES DE DROIT (*a*).

MAXIME 1re.

En droit, c'est à la cause prochaine ou immédiate, et non à la cause éloignée ou médiate qu'il faut s'attacher.

> Le trente-deuxième statut d'Henri VIII, roi d'Angleterre, porte : *Dolus circuitu non purgatur :* la fraude, pas plus que la fause monnaie, ne se purifie par la circulation. C'est en vain qu'une loi donne quelques résultats utiles, si elle est mauvaise dans son principe. Or, c'est par les conséquences immédiates d'une loi qu'on peut juger de sa bonté.

(*a*) Bacon a accompagné chacune de ces maximes d'un commentaire écrit en anglais, et puisé dans les lois et usages de son pays; j'ai cru devoir y substituer de courtes observations, et seulement à la suite des maximes qui m'ont paru exiger quelque développement.

II.

Non potest adduci exceptio ejusdem rei, cujus petitur dissolutio.

III.

Verba fortiùs accipiuntur contra proferentem.

IV.

Quod sub certâ formâ concessum aut reservatum est, non trahitur ad valorem, vel compensationem.

V.

Necessitas inducit privilegium quoad jura privata.

2.

Il n'y a point d'exception à tirer de la chose dont l'abolition est demandée.

3.

Les paroles ont d'autant plus de force, qu'elles sont sorties de la bouche de celui à qui on les oppose.

4.

Nulle concession ou réserve faite sous une forme déterminée n'admet d'équipollence ou de compensation à cette forme.

5.

En ce qui touche les intérêts privés des citoyens, il est des priviléges (*a*) introduits par la nécessité.

Ainsi, pour conserver ses jours, il est telle loi qu'un citoyen peut transgresser, tandis qu'il en

---

(*a*) L'étymologie du mot *privilegium* en détermine parfaitement le sens : *lex priva,* loi privée ; c'est-à-dire loi particulière à un individu ou à une classe, loi dérogatoire à la loi commune.

VI.

CORPORALIS injuria non recipit æstimationem de futuro.

VII.

EXCUSAT aut extenuat delictum in capitalibus, quod non operatur in civilibus.

VIII.

AESTIMATIO præteriti delicti ex post facto nunquàm crescit.

est d'autres qu'il doit respecter, même au péril de sa vie. *Necessitas publica est major quàm privata :* « Les nécessités publiques doivent l'emporter sur les nécessités privées. » C'est à la nécessité publique qu'obéissait Régulus, lorsqu'il répondit à ceux qui, pour l'empêcher de retourner à Carthage, cherchaient à faire prévaloir dans son cœur la nécessité de sa conservation personnelle : « Il est nécessaire que je parte, et non que je vive. » *Necesse est non ut vivam, sed ut eam.*

C'est sur ces principes qu'est fondé l'adage *privilegium non valet contra rempublicam :* « Les priviléges sont sans force vis-à-vis de l'état. »

6.

Un délit matériel ne doit pas s'apprécier d'après l'événement.

7.

Telle considération dont l'effet est nul en matière civile, en matière criminelle excuse ou atténue le délit.

> En matière civile, c'est le préjudice causé que l'on pèse; en matière criminelle, c'est l'intention.

8.

Les délits sont indépendans des faits qui leur sont postérieurs; jamais ceux-ci ne les aggravent.

IX.

Quod remedio destituitur, ipsâ re valet, si culpa absit.

X.

Verba generalia restringuntur ad habilitatem personæ, vel aptitudinem rei.

XI.

Jura sanguinis nullo jure civili dirimi possunt.

9.

CE qui est privé de remède vit de sa propre santé, à moins qu'un excès n'y porte atteinte.

10.

LES termes généraux se restreignent naturellement dans les limites posées par la capacité des personnes et l'étendue des choses.

11.

IL n'y a pas de droit civil qui puisse détruire les droits du sang.

Il est évident que Bacon n'envisage ici les droits du sang que sous le rapport du droit naturel : c'est de la nature seule qu'on tient le nom de fils, c'est la loi civile qui confère la qualité d'héritier : *Filius est nomen naturæ, hæres est nomen juris.* Ainsi la loi civile ne peut détruire la filiation, quoiqu'elle puisse fort bien y attacher des droits plus ou moins étendus, suivant que la constitution de l'état l'exige.

« La loi naturelle ordonne aux pères de nourrir leurs enfans, dit Montesquieu ; mais elle n'oblige pas de les faire héritiers. » (*Esprit des Lois*, ch. 7, liv. XXVI.)

Avant ce publiciste, un profond moraliste, Pascal, avait dit : « Le titre par lequel on possède n'est, dans son origine, que la fantaisie de ceux qui ont fait les lois. » (*Pensées*, chap. 25.)

XII.

RECEDITUR à placitis juris, potiùs quàm injuriæ et delicta maneant impunita.

Et ailleurs, s'adressant à Artus de Gouffier, duc de Roannez : « Vous imaginez-vous, lui dit-il, que ce soit par quelque voie naturelle que ces biens ont passé de vos ancêtres à vous ? Cela n'est pas véritable ; cet ordre n'est fondé que sur la seule volonté des législateurs, qui ont pu avoir de bonnes raisons pour l'établir, mais dont aucune certainement n'est prise d'un droit naturel que vous ayez sur ces choses. S'il leur avait plu d'ordonner que ces biens, après avoir été possédés par les pères durant leur vie, retourneraient à la république après leur mort, vous n'auriez aucun sujet de vous en plaindre. Ainsi tout le titre par lequel vous possédez votre bien n'est pas un titre fondé sur la nature, mais sur un établissement humain. Un autre tour d'imagination dans ceux qui ont fait les lois vous aurait rendu pauvre ; et ce n'est que cette fantaisie du hasard qui vous a fait naître, avec la fantaisie des lois, qui s'est trouvée favorable à votre égard, qui vous met en possession de tous ces biens. Je ne veux pas dire qu'ils ne vous appartiennent pas légitimement, et qu'il soit permis à un autre de vous les ravir ; car Dieu, qui en est le maître, a permis aux sociétés de faire des lois pour les partager ; et quand ces lois sont une fois établies, il est injuste de les violer. » (*Pens.*, supp., 1re part., art. 12.)

12.

IL vaut mieux s'éloigner des dispositions du droit que de laisser les délits et les injustices impunis. (*Voyez* la note 7 des *Aphor.*)

XIII.

Non accipi debent verba in demonstrationem falsam, quæ competunt in limitationem veram.

XIV.

Licet dispositio de interesse futuro sit inutilis, tamen fieri potest declaratio præcedens, quæ sortiatur effectum, interveniente casu.

XV.

In criminalibus sufficit generalis malitia intentionis cum facto paris gradûs.

13.

Il ne faut pas prendre pour vainement énonciatives les expressions qui sont réellement limitatives.

14.

Encore bien qu'une disposition sur un intérêt qui n'existe point encore soit inutile, il peut arriver que ce soit une disposition de prévoyance, et que, le cas échéant, elle trouve son application.

15.

En matière criminelle, pour qu'un délit existe, il suffit qu'on ait eu l'intention de le commettre, quoiqu'on en ait commis un autre, pourvu que celui-ci soit d'égale gravité.

> Un homme empoisonne un fruit dans l'intention de faire mourir son ennemi, sur la table duquel il le fait servir : un tiers le prend, le mange et meurt. L'empoisonneur n'en voulait point à la vie de ce dernier, il n'en a pas moins commis le crime d'empoisonnement. (L'art. 297 de notre Code pénal définit la préméditation conformément à ces principes.)

XVI.

Mandata licita recipiunt strictam interpretationem, sed illicita latam et extensam.

XVII.

De fide et officio judicis non recipitur quæstio; sed de scientiâ, sive error sit juris, sive facti.

16.

Les ordres licites doivent être interprétés dans la rigueur de leurs termes, tandis que les ordres illicites admettent une interprétation large et étendue.

> Celui qui a donné des ordres licites n'est responsable que de ce qu'il a ordonné ; il n'est point comptable de ce qu'on a fait hors de ses ordres, fût-ce même pour atteindre le but proposé. Il n'en est pas de même de celui qui a donné des ordres illicites : un homme ordonne à son valet de poignarder un individu qu'il lui désigne ; le valet empoisonne cet individu. Le maître est complice de son valet comme si celui-ci se fût scrupuleusement conformé à ses ordres.

17.

Il n'est pas permis de mettre en question la bonne foi d'un juge et son amour pour ses devoirs, mais bien sa science ; car il est susceptible d'erreur en droit comme en fait.

XVIII.

PERSONA conjuncta æquiparatur interesse proprio.

XIX.

NON impedit clausula derogatoria quò
minus ab eâdem potestate res dissolvantur
à quibus constituuntur.

XX.

ACTUS inceptus, cujus perfectio pendet
ex voluntate partium, revocari potest : si
autem pendet ex voluntate tertiæ personæ,
vel ex contingenti, revocari non potest.

18.

L'intérêt des personnes qui nous sont unies par les liens du sang est assimilé à notre propre intérêt.

> Quelqu'un me menace de tuer mon père si je ne souscris un billet; c'est comme si l'on me menaçait de me tuer moi-même. (Les articles 305 et suivans de notre Code pénal ont été conçus dans ce système.)

19.

Nulle clause dérogatoire ne peut faire que ceux qui ont établi une chose aient moins de pouvoir pour la détruire qu'ils n'en ont eu pour l'établir.

20.

Un acte commencé, dont la perfection dépend de la volonté des parties, peut être révoqué; mais si cette perfection dépend de la volonté d'un tiers ou d'un événement incertain, il ne peut pas être révoqué.

XXI.

Clausula vel dispositio inutilis per præsumptionem vel causam remotam, ex post facto non fulcitur.

XXII.

Non videtur consensum retinuisse, si quis ex præscripto minantis aliquid immutavit.

XXIII.

Ambiguitas verborum latens verificatione suppletur; nam quod ex facto oritur ambiguum, verificatione facti tollitur.

XXIV.

Licita benè miscentur, formula nisi juris obstet.

21.

UNE clause ou une disposition dont personne ne présumait l'utilité, et dont on ne voyait pas la portée, ne saurait tirer aucune valeur d'un fait postérieur auquel elle paraît applicable.

22.

CELUI qui stipule quelque modification dans l'ordre ou la condition, qu'on lui impose par menaces, est censé avoir consenti librement à cet ordre ou à cette condition.

23.

LA secrète ambiguïté des mots disparaît devant leur définition, de même que l'obscurité des faits se dissipe par l'observation.

24.

IL n'y a point d'inconvénient à mêler les choses licites, à moins que la formule du droit n'y fasse obstacle.

XXV.

Præsentia corporis tollit errorem nominis, et veritas nominis tollit errorem demonstrationis.

25.

L'ERREUR sur le nom disparaît en présence
de la personne, et l'erreur sur la personne devant la vérité du nom.

DE

OFFICIO JUDICIS.

MEMINISSE debent judices esse muneris
sùi jus dicere, non autem jus dare; leges,
inquam, interpretari, non condere; aliter,
deveniet eorum auctoritas simile quiddam
auctoritati illi quàm sibi vindicat Ecclesia
romana : quæ, prætextu interpretationis
Scripturarum, etiam addit aliquid, quan-
doquè et immutat, et pronunciat quod non
invenit, atque specie antiquitatis introdu-
cit novitatem.

DES
DEVOIRS D'UN JUGE [a].

Les juges ne doivent pas oublier que leur mission est de juger, et non de faire les lois ; qu'ils sont, dis-je, les interprètes du droit, et non des législateurs ; sans quoi il en sera d'eux comme de l'Église romaine [b], qui, sous prétexte d'interpréter les saintes Écritures, s'est arrogé le pouvoir de les modifier, et parfois de les amplifier à son gré : ce qu'elle n'y trouve pas, elle l'y suppose, et donne pour choses antiques les nouveautés qu'elle introduit [c].

---

[a] Ce morceau est extrait des essais de morale et de politique de Bacon, intitulés *Sermones fideles, sive Interiora rerum*, Discours sincères, ou le Fond des choses.

[b] Il faut se rappeler que c'est un anglican qui parle.

[c] Toute interprétation qui, sous prétexte de se rapprocher de l'esprit de la loi, s'écarte entièrement de la lettre, n'est pas interprétation, mais divination : *Divinatio, non interpretatio, est quæ omninò recedit à litterâ*. (*Voyez les Élémens du droit commun anglais*, par Bacon.)

Judicem opportet esse potiùs eruditûm quàm ingeniosum, venerabilem quàm gratiosum, magisque deliberativum quàm confidentem. Ante omnia, integritas judicum quasi portio est, virtusque propria.

Maledictus sit, inquit lex, *qui terminum terræ movet antiquum*. Sanè qui lapidem fines distinguentem transposuit, culpâ non caret : verùm judex injustus ille est qui præcipuè terminos immutat, cùm de terris et rerum proprietate iniquam fert sententiam. Una certè iniqua sententia plus nocet quàm exempla plurima. Hæc enim rivulos tantùm inficiunt, illa autem fontes. *Ita ait Salomon : fons turbatus et vena corrupta est, justo cadente in causâ suâ coràm adversario.*

Officium judicis relationem habere *potest* partim ad *litigantes*, partim ad *advocatos*, partim ad *scribas* et *ministros justitiæ* subtùs, partim ad *principes* vel *statum* supra.

Un juge doit être plus savant qu'ingénieux, plus vénérable qu'affable, plus circonspect que tranchant; mais l'intégrité doit chez lui passer avant tout; cette vertu fait en quelque sorte partie de ses fonctions; c'est proprement la vertu de son état.

Maudit soit celui, dit la loi, *qui déplace la borne d'un champ*. Déplacer la pierre indicative des limites d'un héritage est certainement une action très-coupable; mais quelle injustice est comparable à celle du juge qui change les limites elles-mêmes, quand il dispose, par une sentence inique, de la propriété d'autrui? Sans contredit, une seule sentence inique fait plus de mal que plusieurs mauvaises actions : celles-ci n'empoisonnent que des ruisseaux; celle-là empoisonne les sources mêmes. *Le juste perdant sa cause contre un injuste adversaire, c'est*, dit Salomon, *l'eau troublée dès sa source et corrompue dans tout son cours.*

L'office de juge peut être envisagé dans ses rapports *avec les parties* et *avec les avocats;* avec les *subalternes de la justice*, c'est-à-dire avec *les officiers ministériels;* avec *les autorités supérieures;* c'est-à-dire avec le *prince* ou le *gouvernement.*

Primò, quantùm ad *causas* et *litigantes.*
sunt, inquit Scriptura, *qui judicium vertunt*
in absinthum. Sunt etiam certè qui illud vertunt in *acetum :* injustitia enim illud reddit
amarum, mora acidum. Judex strenuus hoc
præcipuè agit, ut vim et dolum compescat;
quorum vis magis perniciosa est quantò
apertior, dolus quantò tectior et occultior.
Adde etiam lites contentiosas, quæ evomi
debent, ut crapula curiarum. Judicem decet
viam parare ad justam sententiam, qualem
Deus parat, *valles exaltando, colles depri-*
mendo. Eodem modo, quandò ex alterutrâ
parte videt judex manum elatam, veluti in
persecutione importuna, captionibus mali-
tiosis, combinationibus, patrocinio poten-
tùm, advocatorum disparitate, et similibus,
tùm elucescit virtus judicis in æquandis iis
quæ sunt inæqualia, ut judicium suum,
veluti in arenâ planâ, fundare possit.

Voyons d'abord quels sont ses rapports *avec les parties. Il est des juges*, dit l'Écriture, *qui convertissent la justice en absinthe*. A coup sûr, il en est aussi qui la convertissent *en vinaigre;* car si l'iniquité rend la justice amère, les lenteurs l'aigrissent (*a*). Un bon juge se propose denx objets principaux, comprimer la violence et déjouer l'artifice : or la violence est d'autant plus dangereuse qu'elle marche plus directement à son but; et l'artifice, qu'il prend plus de déguisemens et de détours. Le juge doit aussi repousser les mauvaises chicanes, qui sont comme la lie du Palais; enfin il doit préparer les voies de sa justice, comme Dieu prépare les voies de la sienne, *en élevant les vallées et en abaissant les collines.* Ainsi, quand il s'aperçoit qu'une partie a trop de prépondérance sur une autre par la violence et l'âpreté de sa poursuite, par l'adresse avec laquelle elle prend ses avantages, par la cabale qui l'appuie, par un patronage puissant, par la supériorité de son avocat, et par tout autre moyen de ce genre, il doit s'efforcer de combler ces inégalités de façon qu'il puisse asseoir son jugement sur un sol uni : c'est en cela que brille la vertu du juge.

Rapports avec les parties.

(*a*) *Bis dat, qui citò dat* : donner promptement, c'est donner doublement.

Qui fortiter emungit, elicit sanguinem : cùmque torcular vini premitur fortiùs, vinum prodit acerbum, acinum sapiens. Itaque caveant sibi judices ab interpretationibus legum duris, et illationibus altè petitis : neque enim pejor est tortura quàm tortura legum. Præcipuè in legibus pœnalibus curæ iis esse debet, ne quæ in terrorem latæ sunt, vertantur in rigorem, neve in populum super inducant imbrem illum, de quo Scriptura : *Pluet super eos laqueos.* Etenim leges pœnales, si severæ executioni demandentur, sunt similes *imbri laqueorum,* cadenti super populum. Itaque hujusmodi leges, si vel dormiverint diù, vel temporibus prudentibus minùs quadrent, à judicibus prudentibus, in executione earum, reprimantur.

Judicis officium est, ut res, ita tempora rerum, etc.

In causis capitalibus, decet judices, quantùm lex permittit, in judicio meminisse misericordiæ, et cum severitate exemplum, cum pietate personam intueri.

*Qui se mouche trop fort fait partir le sang.
Quand la grappe est trop foulée, le vin prend
un goût de verd et sent la râpe.* Ainsi les juges
doivent se garder des interprétations forcées
et tirées de trop loin; car il n'est pire torture
que celle qu'on donne aux lois. Mais c'est surtout
dans les lois pénales qu'il faut éviter soigneu-
sement de convertir en instrument de rigueur
ce qui, dans l'intention du législateur, n'a été
établi que pour servir d'épouvantail; sans quoi
l'on ferait tomber sur le peuple cette pluie dont
parle l'Écriture, quand elle dit : *Il pleuvra sur
eux des filets.* En effet, les lois pénales, exécutées avec trop de rigueur, ressemblent à une
pluie de filets, qui tombe sur le peuple. Lors
donc que ces lois ont dormi long-temps, ou ne
cadrent pas avec les lumières du siècle, les juges
éclairés doivent en modérer l'exécution.

> **Le devoir du juge est de suivre, comme toute chose,
> la marche du temps.**

Dans les causes capitales, il convient que le
juge se rappelle, autant que le permet la loi,
de la part qui appartient à la miséricorde dans
les jugemens, et que ses regards, sévères pour
le crime, soient compatissans pour le criminel.

Quantùm ad *advocatos* qui causas agunt, patientia et gravitas in causis audiendis justitiæ est pars essentialis, judex nimiùm interloquens minimè est cymbalum benè sonans. Non laudi est judici, si primus aliquid in causâ inveniat et arripiat, quod ab advocatis suo tempore meliùs audire potuisset, aut acumen ostentet in probationibus vel advocatorum perorationibus nimis citò interrumpendis ; aut anticipet informationes quæstionibus, licet ad rem pertinentibus.

Judicis partes in audiendo sunt quatuor : probationum seriem ordinare ; advocatorum et testium prolixitatum, repetitionem, aut sermones extra rem moderari ; eorum quæ allegata sunt medullam, et quæ majoris momenti sunt, recapitulare, seligere, et inter se componere ; et demùm sententiam ferre.

Quant aux relations des juges *avec les avo-*
cats, quand ceux-ci plaident devant eux, voici
les devoirs qu'elles leur imposent : d'abord,
patience et gravité pendant les plaidoiries; ceci
est une partie essentielle de la justice; un juge
qui interrompt trop souvent les avocats n'est
qu'une cymbale étourdissante. Je ne saurais
approuver un juge qui, dès qu'il croit avoir
trouvé le nœud d'une cause, s'en empare aussitôt, et se prive ainsi de ce que les avocats
auroient pu y ajouter d'utile en son lieu, s'il
eût consenti à les écouter. Je n'approuve pas
non plus que, pour faire preuve d'une concep-
tion vive et prompte, on interrompe trop tôt
les avocats dans l'exposition et le développement de leurs moyens, ni qu'on anticipe sur
l'instruction par des questions prématurées,
quand même elles rentreroient dans la cause.

Le juge, à l'audience, a quatre choses à faire:
il doit, 1º ordonner la série des moyens des
parties; 2º modérer la prolixité des témoins et
des avocats, prévenir les répétitions, et ne rien
permettre qui sorte de la cause; 3º récapituler,
trier et comparer, en substance, les allégations
respectives les plus importantes; 4º enfin, rédiger la sentence.

Quidquid ultrà hæc est, nimiùm est, et oritur aut à gloriolâ et loquendi aviditate, aut ab audiendi impatientiâ, aut à memoriæ debilitate, aut à defectu attentionis sedatæ et æquabilis.

Sæpenumerò mirum est visu quantùm advocatorum audacia apud judices valeat; ubi contrà judices, ad imitationem Dei, incujus tribunali sedent, *superbos comprimere, et humiles erigere* deberent. Sed etiamnùm magis mirum est, judices advocatis quibusdam præ cæteris immoderatè et apertè favere; quod necesse est ut merces advocatorum augeat et multiplicet, atque simul suspicionem corruptionis et obliqui ad judices aditûs inducat.

Debetur advocato à judice laus aliqua et commendatio, cùm causæ benè aguntur et tractantur, præsertim si causa sua cadat : hoc enim apud clientem existimationem advocati sui tuetur, et simul opinionem ejus de causâ suâ prosternit.

Debetur etiam rei publicæ reprehensio ad-

Tout ce que le juge fait de plus est de trop, et a pour cause une sotte gloriole, ou la déman-geaison de parler, ou l'impatience à écouter, ou le défaut de mémoire, ou l'inaptitude à fixer et à soutenir son attention.

On est quelquefois étonné de l'ascendant que des avocats audacieux peuvent prendre sur les juges, tandis que ceux-ci, à l'exemple de Dieu, dont ils occupent la place sur leurs siéges, devraient *imposer aux superbes et encourager les humbles*. Mais, ce qui est encore plus cho-quant, c'est de voir des juges accorder ouverte-ment une prédilection scandaleuse à certains avocats. Cette faveur, dont ceux-ci ont besoin pour grossir leur clientelle et augmenter leurs bénéfices, rend les juges suspects de corrup-tion, et fait croire qu'il est des voies obliques pour arriver à eux.

Cependant le juge doit des encouragemens et quelques éloges à l'avocat qui a bien plaidé sa cause, surtout lorsqu'il la perd. Cette mé-thode a le double mérite de conserver à l'avocat la confiance de son client, et de pénétrer celui-ci de la défectuosité de sa cause.

L'intérêt public exige également que le juge

vocatorum moderata, ubi callida nimis præstant consilia, aut supina apparet negligentia, aut levis informatio, aut indecora importunitas, aut impudens defensio. Advocatus autem illud tribuat judici, ne illi obstrepat, aut se rursùs in causam agendam callidè insinuet, postquàm judex de re pronuntiaverit. E contrariò autem, judex se causæ mediæ et nullatenùs peroratæ non ingerat, nec clienti occasionem præbeat, ut advocatos suos, vel probationes ad plenum non auditas conqueratur.

Quantùm ad *scribas* et *ministros*, sedes justitiæ veluti locus sacratus est, ubi non tantùm sedes ipsa, sed et ipsa subsellia, et præcinctus sedis scandalo et corruptelis vacare debent. Etenim, ut ait Scriptura, *non colligentur uvæ ex spinis;* neque justitia suaves suos fructus edere potest, inter vepres et dumeta scribarum et ministrorum rapacium, et lucris inhientium.

réprimande avec ménagement les avocats, lorsqu'ils donnent à leurs cliens des conseils peu délicats, ou qu'ils apportent dans la défense une négligence impardonnable, ou une attention trop légère, une impudence ou une chaleur indécentes. Mais il faut que l'avocat ne puisse pas attribuer cette réprimande à d'autres qu'au juge, de peur qu'il n'en murmure, ou que, sous prétexte d'y répondre, il ne rentre adroitement dans la cause, après la prononciation du jugement. De son côté, le juge ne doit pas l'interrompre et l'arrêter au milieu de sa plaidoirie; il doit l'écouter jusqu'à la fin, s'il ne veut pas donner occasion à la partie de se plaindre que sa cause et son avocat n'ont pas été entendus jusqu'au bout.

A l'égard des *officiers ministériels*, le Palais doit être pour eux comme un temple, où le scandale et la corruption ne doivent pas plus trouver place sur les bancs et dans le reste de l'enceinte que sur les siéges mêmes des juges. Car, comme dit l'Écriture, *on ne vendange pas parmi les épines*. La justice ne peut non plus donner ses doux fruits parmi les ronces et les buissons, c'est-à-dire au milieu d'officiers ministériels rapaces et avides.

Curiarum asseclæ pravi sunt quatuor :
1º seminatores litium, qui curias tumes-
cere faciunt, populum tabescere. 2º Qui
curias contentionibus circa jurisdictionem
implicant, neque verè sunt, ut habentur,
amici curiæ, sed parasiti curiæ, curias in-
flando ultra terminos, propter micas et compendia propria. 3º Ii qui possunt censeri
tanquàm curiarum manus sinistræ, homines qui curiarum processus legitimos diver-
ticulis et versutiis distorquent, justitiamque
in lineas obliquas et labyrinthos trahunt.
4º Explicatores et exactores fœderum, qui
tritam similitudinem confirmant curiarum
ad rubum, quo, dùm ovis tempestatem fu-
giens se recipit, velleris partes amittit. Contrà scriba antiquus, in anteactis curiarum
peritus, in actis ipsis concipiendis cautus, et
in negotiis cùriæ solers, digitus est curiæ
egregius, et sæpè judici ipsi viam monstrat.

Quantùm verò ad *principem* aut *statum*,
judices, ante omnia, in memoria fixum te-
nere debent versiculum ultimum duode-

Or, il est près des tribunaux quatre espèces de sangsues : 1° *les semeurs de procès*, qui engraissent le palais et maigrissent le peuple ; 2° ceux qui engagent les tribunaux dans des conflits de juridiction, et qui ne sont pas, comme on le croit, les vrais amis de ces tribunaux, mais leurs parasites, n'exaltant leurs droits que pour les flatter et faire leurs propres affaires ; 3° ceux qu'on pourrait appeler *les Filous* du Palais, qui, par des détours subtils et artificieux, donnent aux meilleures causes une fausse direction, et entraînent la Justice dans des routes tortueuses et des labyrinthes sans issue ; 4° *les expéditionnaires* et *les greffiers*, qui justifient cette comparaison si rebattue de la Justice avec les buissons, sous lesquels se réfugie la brebis pendant l'orage, et qui retiennent une partie de sa toison. Au contraire un greffier, blanchi dans sa profession, consommé dans les traditions du palais, soigneux dans la rédaction des jugemens, vigilant dans les affaires, est un excellent guide pour un tribunal, et montre souvent au juge lui-même la route qu'il doit suivre.

Dans leurs rapports *avec le Prince* ou *le Gouvernement*, il importe surtout que les juges ne perdent pas de vue ce dernier article des douze

Rapports avec le Roi ou le Gouvernement.

cim tabularum romanarum, *salus populi suprema lex esto*, et pro certo ponere, leges nisi sint in ordine ad eum finem, res esse captiosas et oracula malè inspirata. Itaque benè succedit, cùm rex, aut status, sæpiùs cum judicibus deliberat, et rursùs, cùm judices principem et statum sæpiùs consulant; ille, cùm inter deliberationes politicas interveniat quæstio juris; hi, cùm in subjecto legali interveniant considerationes statûs. Contingit enim haud rarò, ut res in judicium adducta versetur circa *meum* et *tuum*, et nihilominùs consequentia ejus ad rationes statûs penetret. Intelligo autem ad rationes statûs pertinere, non solùm si quid ad regalia jura impetenda spectet, verùm etiam si quid innovationem aliquam minùs tutam, aut exemplum periculosum introducat; aut si manifestò portionem aliquam populi majorem gravet. Neque quisquam infirmi judicii existimet, justas leges adversùs politica vera aliquid antipathiæ habere. Sunt enim hæc duo veluti spiritus

Tables romaines, *le salut du peuple est la suprême loi*, et qu'ils tiennent pour certain que
toute loi qui ne tend pas au salut du peuple
est une déception et un faux oracle. Tout va
bien au contraire, quand le Roi, ou le gouvernement, confère souvent avec les juges, et ré-
ciproquement, quand les juges consultent souvent le prince ou le gouvernement; celui-ci,
lorsque, dans les discussions politiques, il survient une question de droit; ceux-là, lorsque,
dans les contestations judiciaires, il survient
des considérations d'ordre public. En effet, il
n'est pas rare de voir un procès, qui semble
n'avoir pour objet que *le tien et le mien*, entraîner pourtant des conséquences qui pénètrent
jusqu'à la raison d'État; or, par raison d'État
j'entends non-seulement les attaques dirigées
contre les prérogatives royales, mais encore
toute innovation équivoque, ou d'un exemple
dangereux, et qui serait de nature à aggraver la
condition d'une partie notable du peuple. Au
reste, je n'imagine pas que personne ait assez
peu de jugement pour croire qu'il y ait anti-
pathie entre la justice et la vraie politique. Ces
deux choses ressemblent aux esprits vitaux et aux
nerfs, qui, dans le corps humain, se meuvent

et nervi, quorum alteri in alteris moven-
tur. Recordentur etiam judices Salomonis
thronum leonibus utrinque suffultum fuisse : sint sanè leones, sed leones sub throno,
caventes ne aliquid ex juribus regalibus
impetant aut convellant. Postremò, ne sint
judices tam ignari juris et prærogativæ suæ,
ut cogitent non sibi relinqui, tanquàm muneris sui partem principalem, sanum et pru-
dentem legum usum et applicationem. Etenim in animum revocare poterunt dictum
illud Apostoli, de lege humanis legibus majore : *Nos scimus quia lex bona est, modò
quis eâ utatur legitimè.*

les uns par les autres. Que les juges se rappellent aussi que le trône de Salomon était porté par des lions: qu'eux de même soient des lions, mais des lions sous le trône, veillant à la garde et à la conservation de ses droits. Enfin qu'ils ne soient pas assez ignorans du droit et de leurs propres prérogatives, pour ne pas voir que l'usage prudent et l'application judicieuse des lois sont la partie la plus importante de leurs fonctions. C'est en ce sens qu'ils pourront s'appliquer ces paroles de l'Apôtre, touchant une loi bien supérieure aux lois humaines : *Nous savons que la loi est bonne ; il ne s'agit que d'en faire un légitime usage.*

ORATIO BACONII

IN SESSIONIBUS PUBLICIS

AD JUSTITIARIUM HUTTON,

CUM VOCARETUR UT UNUS EX ISTIS JUDICIBUS ESSET.

—————

DOMINE SERVIENS HUTTONI,

REX serenissimus omninò audiens de eruditione tuâ, integritate, judicio, experientiâ, bonis et existimatione in provinciâ tuâ, dignum existimavit esse, ne tibi soli in proprium usum delinquerentur talenta ista, sed evocare te, ut ipsi servias, ejusque populo, in dignitate justitiarii curiæ publicarum sessionum.

DISCOURS DE BACON

AU JUSTICIER HUTTON,

EN LUI REMETTANT LE DIPLÔME DE JUGE EN LA COUR D'ASSISES (a).

MYLORD HUTTON, SERVITEUR DU ROI,

NOTRE sérénissime souverain, apprenant tout ce que l'on raconte de votre érudition, de votre intégrité, de votre expérience, de l'estime et de la considération dont vous jouissez dans votre province, a pensé que tant de talens ne devaient pas continuer à n'être utiles qu'à vous : en conséquence, il vous appelle à le servir, lui et son peuple, dans la dignité de juge à la cour d'assises.

(a) Nous avons cru devoir placer ici ce discours, qui se rattache au précédent par son objet.

Est autem curia hæc quasi centrum et cor legum regni istius : hìc subditus certus esse de bonis suis potest, per fines et recuperationes : hìc fixa invenit remedia, per mandata et æquitatis libellos : hìc patet justitia, non in secundariâ privilegiorum januâ, sed in magnâ regiorum authenticorum scriptorum portâ, et cancellariâ : hìc processuum limes; nisi enim quis in hoc legis centro legi respondere velit, ejicitur.

Decebit igitur te, omni prudentiâ tuâ et fortitudine, regni defendere leges : in quo tamen nolim sis pervicax, sed integer; non duræ cervicis, sed recti cordis; et ponderes duodecim regni judices, quasi duodecim sub Salomonis throno leones; robusti sint necesse est ad elevandum sustinendumque thronum.

Sed delineem bonis judicis effigiem :

1° Eruditionem ex libris tuis, non cerebro tuo haurias.

2° Benè misceas opinionis tuæ liberta-

Or, cette cour est pour ainsi dire le centre et le cœur de nos lois : ici tout sujet du Roi peut être sûr de conserver ou de recouvrer sa propriété ; ici chacun trouve un refuge assuré dans l'équité des ordonnances et des jugemens ; ici la justice se montre à découvert, non par l'étroite issue des lois spéciales et secondaires, mais par la grande porte de la chancellerie, où sont déposés les monumens authentiques de la sagesse royale ; ici est le terme des procès ; car, dans ce sanctuaire des lois, quiconque ne veut se soumettre aux lois est repoussé.

Il conviendra donc que vous employiez toute votre prudence et toute votre fermeté à défendre les lois du royaume ; ce qui ne veut pas dire que vous deviez être dur, mais intègre ; entêté, mais avoir un cœur droit. Songez bien que les douze juges du royaume doivent être comme les douze lions qui étaient sous le trône de Salomon : il faut qu'ils soient forts, pour soutenir et élever le trône.

Mais je veux vous tracer, en forme de préceptes, le portrait d'un bon juge :

1° Puisez votre doctrine dans vos livres, et non dans votre imagination.

2° Conciliez la liberté de vos opinions avec

tem cum reverentiâ erga collegarum sententias.

3° Continues studia, neque ex veteri solùm agas vivasque penu.

4° Neminis aspectum timeas, neque tamen arrogans fias aut protervus.

5° Sis absque partium studio, ità tamen ut affectus eluceant ex morum honestate.

6° Sis lumen junioribus, eorumque aperias oculos, non tamen naso trahas adunco.

7° Ne affectes opinionem sufficientis et expeditæ actionis, impatienter et festinanter audiendo in foro jurisconsultos.

8° Sermo tuus sit gravis, tanquàm ab oraculo legis, non verò garrulus, neque eruditionem ostentans, per discursus extravagantes.

9° Manus tuæ, et manuum tuarum manus (illos qui te circumstant intelligo) puræ sint, nec corruptæ muneribus : titulis se ne immisceant, neque vices præstent, sive magna, sive exigua id concernat.

la déférence que vous devez aux opinions de vos collègues.

3° Ne cessez pas d'étudier, et ne vous contentez pas de ce que vous savez.

4° Ne redoutez la présence de personne, et pourtant ne soyez ni arrogant, ni superbe.

5° Soyez impartial, mais de façon néanmoins que l'honnêteté de vos mœurs ne laisse aucun louche sur vos affections.

6° Soyez la lumière des jeunes gens ; ouvrez-leur les yeux, mais sans les violenter.

7° N'affectez pas d'être suffisamment éclairé, et ne cherchez pas à paraître expéditif, en écoutant impatiemment les avocats et en les pressant d'achever.

8° Que vos paroles aient la gravité qui convient à un oracle des lois. Ne soyez pas verbeux, et, pour faire parade de votre érudition, ne vous égarez pas dans des divagations.

9° Que vos mains et les mains de vos mains, c'est-à-dire celles des personnes qui vous environnent, soient pures et incorruptibles. Ne permettez pas à ces dernières de s'immiscer dans vos fonctions, et de vous suppléer dans les grandes ni dans les petites choses.

10° Aulæ jurisdictionem intra veteres contineas limites.

11° Et denique tali in famulos tuos scribasque utaris oculo, quo potiùs te timeant, quàm de te præsumant.

Nolo autem in his et similibus esse prolixus; nam quantò diutiùs tecum convixi, tantò brevior ad te meus erit sermo, benè gnarus tantis te huc accedere cum virtutibus, ut quidquid dixero, novum tibi videri non queat. Plura igitur non dicam; diploma solummodò trado Regium.

10° Contenez la juridiction de la cour dans ses anciennes limites.

11° Enfin, ayez l'œil sur vos subalternes et vos greffiers, de manière à leur inspirer plus de crainte que d'assurance.

Je ne veux pas m'étendre davantage sur ces devoirs et autres semblables; j'ai vécu trop long-temps avec vous pour ne pas me borner, et je sais que les mérites que vous apportez ici sont tels, que rien de ce que je pourrais vous dire ne vous paraîtrait nouveau; aussi je m'arrête, et me borne à vous remettre, au nom du Roi, le diplôme de vos fonctions.

AVIS [a] DE BACON

A SIR GEORGES VILLIERS [a],

DEPUIS DUC DE BUCKINGHAM, LORSQU'IL DEVINT
LE FAVORI DE JACQUES Ier.

(Fragment trad. de l'anglais.)

Les lois ne vivent que par la continuité et l'activité de leur exécution; or cette activité et cette continuité dépendent du choix qu'on fait des juges. La distribution de la justice demande une âme intrépide et éclairée qui craigne Dieu et aime le travail : un ignorant ne peut, un lâche n'ose être bon juge. Mettez les juges à l'abri des sollicitations des grands, et délivrez le Roi de l'importunité des courtisans, afin qu'ils ne puissent pas se prévaloir de la faveur du prince contre l'intégrité de la justice : sans cela, un juge, quand il serait assez ferme pour résister

---

[a] On trouve cette pièce entière dans l'édition de 1765, 2e vol., sous ce titre : *Advice to sir Georges Villiers, afterward duke of Buckingham, when he became favourite to king James.*

à la protection du prince, n'échapperait point aux soupçons du peuple. Or l'équité d'un juge doit ressembler à la vertu de la femme de César, et n'avoir pas besoin de justification.

Si les charges de judicature sont vénales, elles deviendront inamovibles (a); or un homme qui se présente l'argent à la main ne peut avoir d'autre intention que de vendre au peuple ce qu'il achète de la cour. Il convient de laisser une place à l'émulation dans toutes les professions et dans tous les rangs, afin qu'on puisse distinguer quelquefois le mérite et les services des richesses et de la naissance.

Chaque tribunal doit être contenu dans sa sphère; l'harmonie règnera tant que les limites des juridictions seront clairement marquées.

La rigueur de la justice, ou le devoir de

(a) Bacon paraît avoir été plus frappé des inconvéniens de l'inamovibilité que de ses avantages : nous en jugeons autrement aujourd'hui, et je crois, avec raison. Heureusement l'inamovibilité des charges n'est pas exclusivement attachée à leur vénalité, toujours odieuse. Il est des temps néanmoins où l'on est réduit à tenir des abus les plus précieuses garanties. *Qui l'eût cru?* a dit M. Royer-Collard à la tribune, *de cet opprobre de la vénalité était sortie en France une magistrature admirable, la lumière et la force des derniers siècles de la monarchie.*

sévir, appartient au juge; la faveur ou le droit de faire grâce, au Roi. Si le Roi punissait, son aspect serait terrible; si sa clémence était sans bornes, elle l'avilirait. Il faut des exemples de sévérité pour contenir le peuple; il en faut de bonté pour l'adoucir. Si un roi ne se fait pas aimer, si les juges ne le font pas redouter, il ne règnera pas long-temps.

NOTE DU FRAGMENT.

(1) GEORGES VILLIERS, cadet d'une bonne maison dans le comté de Leycester, fut successivement, par la faveur particulière de Jacques Ier, chevalier, gentilhomme de la chambre du Roi, grand écuyer, décoré de l'ordre de la Jarretière, comte, marquis, duc de Buckingham, grand maître des eaux-et-forêts, et grand amiral d'Angleterre. La fortune rapide de cet homme est un de ces phénomènes politiques que les monarchies montrent de temps en temps aux peuples, quand les fantaisies des souverains n'y sont pas tempérées par de fortes institutions. C'est alors que s'établit de tous les jougs le plus avilissant, celui du favoritisme : celui du ministérialisme ne vient qu'après. Quant au règne des maîtresses, plus fatal en apparence à la morale, il est moins funeste aux libertés publiques.

Quoi qu'il en soit, dès que Buckingham, beau, jeune,

brillant, ambitieux, se fut rendu maître de l'esprit faible et étroit de Jacques, il n'y eut d'accès à la cour que par son moyen, et pour servir la patrie et le prince, il fallut commencer par se rendre agréable au favori.

Bacon fit à Villiers une cour assidue, mais d'abord honorable. C'est à ce jeune ministre que sont adressés les avis dont nous donnons un fragment. L'auteur y entre dans le détail de toutes les connaissances qu'un ministre doit posséder, et de la conduite qu'il doit tenir dans le maniement des affaires. Buckingham accepta ces conseils et ne les suivit point. Cette lettre n'en devrait pas moins être le bréviaire des hommes d'état.

N'obtenant point l'ascendant que méritaient ses lumières et son expérience, Bacon courba son génie devant le jeune duc : de son côté, celui-ci sembla prendre plaisir à avilir le trop complaisant chancelier, en le chargeant de l'administration de ses biens, et l'Angleterre eut la honte de voir son premier magistrat servir d'intendant au mignon d'un roi théologien. On prétend, au reste, que Bacon fit bien ses affaires dans ce servile emploi. Quant à Buckingham, il fut assassiné, sous le règne suivant, par un fanatique nommé Felton.

PARAPHRASIS

DUARUM PARABOLARUM SALOMONIS,

EXCERPTA

DE AUGMENTIS SCIENTIARUM,
LIB. VIII, CAP. 2.

Iª.

Qui cognoscit in judicio faciem, non benè facit; iste, et pro buccellâ panis, deseret veritatem.

PRUDENTISSIMÈ notat parabola, in judice magis perniciosam esse facilitatem morum quàm corruptelam munerum. Munera enim haudquaquàm ab omnibus deferuntur, at vix ulla est causa in quâ non inveniatur aliquid quod flectat judicis animum, si personas respiciat. Alius enim respicietur ut

PARAPHRASE

DE

DEUX PARABOLES DE SALOMON,

TIRÉE DU TRAITÉ

DES ACCROISSEMENS DES SCIENCES,
LIVRE VIII, CHAPITRE 2.

1re.

Celui qui en jugeant regarde au visage des parties, ne fait pas bien : un tel homme abandonnera la vérité pour une bouchée de pain.

CETTE parabole fait très-judicieusement observer que dans un juge un caractère facile est plus pernicieux que des mains ouvertes aux présens ; car il s'en faut de beaucoup que tout le monde puisse faire des présens, tandis qu'il n'est presque pas de cause où ne se trouve quelque considération de nature à fléchir l'esprit du juge, pour peu qu'il regarde aux per-

popularis, alius ut maledicus, alius ut dives, alius ut gratus, alius ut ab amico commendatus : denique omnia plena sunt iniquitatis, ubi dominatur respectus personarum, et levi omninò de causâ, veluti pro buccellâ panis, judicium pervertetur.

II.

Fons turbatus pede, et vena corrupta, est justus cadens coràm impio.

Præcipit parabola, rebus publicis ante omnia cavendum esse de iniquo et infami judicio, in causâ aliquâ celebri et gravi, præsertim ubi non absolvitur noxius, sed condemnatur insons. Etenim injuriæ inter privatos grassantes, turbant quidem et polluunt latices justitiæ, sed tanquàm in rivulis : verùm judicia iniqua, qualia diximus, à quibus exempla petuntur, fontes ipsos

sonnes. Tantôt il aura égard à la popularité de l'un; tantôt à la mauvaise langue de l'autre; tantôt à la fortune de celui-ci; tantôt à l'amabilité de celui-là; tel lui aura été recommandé par un ami : enfin, partout où domine l'acception des personnes, il n'y a qu'iniquité, et pour la moindre des choses, voire même pour une bouchée de pain, on obtient un jugement injuste.

2.

Le juste succombant devant l'impie, c'est la fontaine qu'on a troublée avec le pied, c'est la source qu'on a empoisonnée.

Cette parabole recommande aux gouvernemens de se garder, par-dessus tout, des jugemens iniques et infâmes dans les causes célèbres et graves, particulièrement quand il ne s'agit pas d'absoudre un coupable, mais de condamner un innocent; car si les injustices qui n'atteignent que des intérêts privés, troublent et souillent les eaux de la justice, au moins n'est-ce que dans de petits ruisseaux; tandis que les jugemens iniques dont nous parlons, et dans

justitiæ inficiunt et inquinant. Postquàm enim tribunal cessit in partes injustitiæ, status rerum vertitur, tanquàm in latrocinium publicum; fitque planè ut homo homini sit lupus.

lesquels on va puiser des exemples, empoisonnent et corrompent les sources de la justice elles-mêmes. Dès que les tribunaux entrent dans les voies de l'injustice, la magistrature se convertit en un brigandage public, et l'homme devient pour l'homme un vrai loup.

FRAGMENTUM

EX HISTORIA HENRICI SEPTIMI,

ANGLIÆ REGIS,

EXCERPTUM.

Lex principalis, quæ his cōmitiis perlata est, fuit miræ cujusdam naturæ : justa potiùs secundùm æquitatem naturalem, quàm ex normâ juris; et magnanima magis, quàm cauta. Statuit hæc lex, *ut nemo qui regis*

FRAGMENT

TIRÉ

DE L'HISTOIRE D'HENRI VII,

ROI D'ANGLETERRE.

Nos casuistes politiques ont beaucoup raisonné, dans ces derniers temps, sur l'obéissance aux gouvernemens de fait que le droit ne consacre point. Les uns ont vu dans cette obéissance un crime irrémissible, d'autres ont trouvé sa justification dans l'impérieuse nécessité. On sent que cette question doit se décider bien différemment dans une monarchie absolue (a) que dans une monarchie constitutionnelle et dans une république où l'on observerait la loi de Solon, qui ne permettait pas aux citoyens de rester neutres dans les dissensions civiles. Quoi qu'il en soit, comme ce point a été quelquefois agité devant nos tribunaux, je crois bien faire en rapportant ici ce qu'en dit Bacon dans son Histoire de Henri VII, roi d'Angleterre.

La loi la plus remarquable qui fut rendue dans cette session (1496) avait quelque chose

---

(a) Sous un pareil gouvernement, chaque citoyen est autorisé à dire :

Quid refert meâ
Cui serviam, clitellas dùm portem meas ?

partes tunc de facto (a) regnantis secutus fuerat, propter hujusmodi crimen, unquàm impeteretur aut condemnaretur, vel processu legis, vel per actum parlamenti : atque insuper, si tale aliquod actum parlamenti condemnatorium fieri post contigisset, irritum et invalidum prorsùs foret.

(*a*) Statutum præcedens statutum aliquod futurum frustrari posse quis cogitet? Absoluta enim et suprema potestas seipsam constringere non potest : neque quod naturâ revocabile est, figi potest : non magis quàm si quis testamento suo declaraverit, quòd si testamentum novum conderet, illud irritum fore.

d'étrange. Plus conforme aux règles de l'équité naturelle qu'à celles du droit positif, elle parut avoir été dictée plutôt par la grandeur d'âme que par la prudence. Cette loi portait, qu'*aucun citoyen ayant suivi le parti du roi de fait* (a), *pendant qu'il régnait, ne pourrait être poursuivi et condamné pour cette cause, soit par la voie des tribunaux ordinaires, soit par acte du parlement, et que désormais* (b) *toute condamnation de ce genre serait nulle et de nul effet.*

(a) **Richard III,** surnommé *le Néron de l'Angleterre,* tué à la bataille de Bosworth, où le comte de Richemont, vainqueur, fut salué roi par ses troupes, avec le titre de Henri VII, sous lequel il gouverna l'Angleterre.

(b) **Au sujet de ces mots** *désormais* (*à toujours*), ordinairement employés dans les ordonnances des rois, comme pour enchaîner l'avenir, Bacon fait observer que c'est une formule vaine et illusoire. *Quel prince peut se flatter,* dit-il, *de priver son successeur, par une ordonnance, du droit d'en faire une autre en sens contraire. L'autorité suprême et absolue* (telle qu'elle était alors en Angleterre, comme le prouve la loi dont il est question, qui n'était au fond qu'une ordonnance vérifiée par le parlement, sous le nom de bill), *l'autorité suprême et absolue ne peut se lier elle-même, et ce qui est révocable de sa nature, ne saurait être rendu immuable, pas plus qu'un testament ne serait annulé parce que, dans un précédent testament, son auteur aurait déclaré qu'il annule d'avance tout testament qu'il pourrait faire par la suite.*

Ista constitutio in hoc fundabatur, quod rationibus statûs magnoperè conveniret, *ut subditi de jure regni minimè inquirerent :* atque rursùs : *conscientiæ leges hoc postularent, ut (quicunque belli exitus foret) subditi obedientiæ suæ pœnas non darent.* Genius hujus legis pius et nobilis certè fuit, cùm id in bello statueret, quod David in peste à Deo petiit, qui dixit : *Si peccavi, percute me : istæ autem oves, quid fecerunt?* Simul occultò sapiebat ista lex providentiam et prudentiam quamdam profundam; nam omnem occasionem sustulit, cur subditi in regis titulum curiosè inquirerent : cùm ipsorum securitati, quæcumque esset belli fortuna, cautum jam esset prætereà, non potuit non corda et amorem subditorum sibi conciliare, quoniam magis videbatur prospicere illis, quàm regi ipsi.

Cette loi organique avait pour fondement cette considération, qui s'accorde très-bien avec les raisons d'état, *que les sujets ne doivent jamais scruter le droit du prince qui les gouverne;* et celle-ci, *que les lois de la conscience veulent que les sujets, quelle que soit l'issue d'une guerre, ne portent pas la peine de leur obéissance.* Il y avait certainement quelque chose de paternel et de généreux dans cette loi, qui s'exprimait comme la prière de David au milieu d'une peste : *Seigneur, si j'ai péché, frappez-moi; mais ces brebis, qu'ont-elles fait?*

Il entrait en outre dans cette loi beaucoup de prévoyance et je ne sais quelle profonde politique; car elle ne laissait aux sujets aucune occasion de scruter sérieusement les titres du roi; et, tout en donnant à ceux-là pleine sécurité, quelles que fussent les chances de la guerre, elle portait ses vues plus loin. Cette loi ne pouvait donc manquer de se concilier les cœurs et l'affection des sujets, dont elle paraissait protéger la sûreté plus que celle du roi lui-même.

LEGUM ANGLICANARUM

COLLECTIO ET EMENDATIO,

PROPOSITA SACRÆ REGIÆ MAJESTATI
A FRANC. BACONO, EQUITE.

QUANDÒQUIDEM sacræ regiæ majestatis vestræ gratia in sanctius me adscivit consilium, ut tamen insimul et in atturnati generalis perseverarem officio, quod hoc non contingit seculo, non ita interpretor, ac si, desinendo causas tractare forenses, ferias nunc agere mihi liceat; sed quo integriùs meum majestatis vestræ servitiis consecrare debeam otium, minùsque negotiis distrahi aliis. Ideòque in largo hoc temporis, quod lucratus sum, spatio, debitum meum esse existimo, non solùm majestatis vestræ properè exequi mandata, functionisque mea-

PROPOSITION (*a*) DE BACON

A JACQUES Ier,

TOUCHANT LA RÉVISION GÉNÉRALE DES LOIS ANGLAISES
ET LEUR RÉUNION EN UN SEUL CORPS.

PUISQU'EN m'appelant à son conseil privé, votre Majesté, par une faveur inouïe de nos jours, m'a conservé les fonctions d'attorney général, je n'imagine pas qu'en renonçant aux exercices du barreau, il me soit permis de me donner désormais du loisir. Il me semble, au contraire, que plus je dois consacrer de mes momens au service de votre Majesté, moins je dois en ôter aux autres affaires. Je pense donc que je dois employer tout le temps que je

---

(*a*) Cette proposition doit avoir été faite en 1614, peu de temps après la promotion de Bacon aux fonctions d'attorney général, époque où il n'était encore que chevalier. On trouve cet écrit dans le 2e volume des *OEuvres complètes de Bacon*, 1765, sous ce titre : *A Proposition touching the compiling and amendement of the laws of England.*

munia, sed et meditari atque excogitare sponte, quomodò, vel me ministrante, majestatis vestræ virtutes in subditorum possint derivari commodum : subditi quoque reddere grates amorisque incrementum. Postquàm autem varia expendi, nihil, me judice, inveni magis majestatem vestram, tanquàm dominum, neque me, ceu vernam, decens, quàm legum anglicanarum collectionem, inque ordinem digestionem.

Rex est majestas vestra prole beatus; tales autem reges æternitatis felicissimè student operibus. Non enim linquunt ea sobolis loco, verùm transmittunt cum prosapiâ etiam merita sua ad generationes futuras. Magnus in justitia judicioque artifex est majestas vestra, dolendumque esset, si hujus virtutis fructus unà cum majestate vestra emoreretur. Imperat majestas vestra in ætate doctissimâ, vel solâ regis eruditione, ipsiusque litterarum patrocinio clarâ: et quoniam ea fuit eruditorum operum infelicitas, ut secula minùs docta prævaluerint in eâ :

gagne à ceci, non-seulement à remplir promptement vos ordres et les devoirs de ma charge, mais encore à chercher de mon propre mouvement ce que je puis faire pour mettre vos sujets en possession du bonheur que leur promettent vos vertus, et pour ajouter à leur reconnaissance et à leur amour. Après avoir pesé les divers moyens qui sont à ma disposition, j'ai trouvé qu'il n'était rien de plus convenable à vous, qui êtes mon maître, comme à moi, qui suis votre humble sujet, que la refonte des lois anglaises et leur réunion dans un ordre méthodique.

Votre Majesté a le bonheur d'avoir des enfans; or, les rois qui sont pères aiment les œuvres durables; car ces œuvres ne sont pas leur unique lignée, et ils transmettent le bien qu'ils font, avec leur race, aux générations futures. Votre Majesté est un grand architecte en fait de justice; il serait malheureux que les fruits de son génie périssent avec elle. Elle règne dans le siècle le plus éclairé, grâce à son profond savoir et à la protection qu'elle accorde aux

id nunc fiet neutiquàm. Ego legem profiteor, eique debeo plurima. Potest esse, quòd et exigua aliarum scientiarum subsidia fuerim adeptus : ast ea saltem formam suppeditant materiæ. Collocavit me Majestas vestra in eminentem locum, ubi in opere, quod plurium indiget operâ, coadjutores possum nancisci. Ideòque ne detineam Majestatem Vestram præfatione longâ circa illud, quod nihil minùs quàm vanum sermonem esse judico; rem aggrediar ipsam, quæ tamen seipsa flagitat, ut breviter præmittantur quædam, ejus dignitatem, securitatem et congruentiam demonstrantia : et deindè ad opus ipsum accedatur, id est, doceatur, quomodò sit perficiendum ; quod etiam juxtà ostendet optimè vastum non esse, nec speculativum opus, sed reale et tractabile.

Callisthenes, qui Alexandri sequebatur aulam, ejusque incurrerat indignationem, quòd non æquè tolerare posset Persicam

lettres; et pourtant, telle est la fatalité attachée jusqu'ici à nos productions, que les siècles les moins éclairés l'emportent sur le nôtre. Il n'en sera pas ainsi désormais. Pour moi, ministre de la loi, j'ai contracté envers elle de nombreuses obligations dont je veux m'acquitter. Peut-être les secours que j'ai procurés aux autres sciences sont-ils peu importans; mais au moins ils donnent une forme à leurs matériaux. Que ne ferai-je pas, maintenant que Votre Majesté m'a placé dans un poste élevé, où je puis trouver des coopérateurs pour une œuvre qui en demande un si grand nombre? Je n'arrêterai donc pas votre Majesté par un long préambule, bien que ce ne soit rien moins qu'un vain discours; j'aborde mon sujet, qui veut seulement être précédé de quelques considérations qui démontrent qu'il est sans danger et réunit toutes les convenances; puis je m'occuperai de son exécution, et je prouverai que ce n'est point une spéculation gigantesque, mais une chose très-faisable et d'une réalisation facile.

Callisthènes, qui fréquentait la cour d'Alexandre, avait encouru la disgrâce de ce prince pour n'avoir pu voir de sang-froid qu'on se prosternât

adorationem, in cœnâ (quæ apud Græcos
magnâ ex parte sermonibus transigebatur),
tempore quodam jubebatur, eloquens enim
erat, dissererè; quod et præstitit, pro the-
mate eligens Macedonum laudes. Id, licet
ineptum videretur in faciem laudare homines, tanto cum veritatis emolumento fecit,
tantâque adulationis evitatione, tantoque
vigore, ut auditores exilientes rosas ex
sertis suis decerperent, inque illum conge-
rerent; is enim tùm applaudendi mos erat.
Alexander verò indignatus dicebat : *Qui
dictionis nactus est campum bonum haud
ægrè fit isthic eloquens. At, ostende,* inquit porrò Callistheni, *facultatem tuam
vituperandis Macedonibus, quò emenden-
tur auditis delictis suis, nec solùm delecten-
tur laudibus.*

Hinc ad retractanda illa priora tantâ libertate disseruit, ut Alexander diceret : *Bonum
thema ipsum antehac fecit eloquentem;
nunc autem malitia cordis sui ei suggessit
talia.*

devant lui à la manière des Perses. Un jour, dans un de ces repas que les Grecs passaient en grande partie à discourir, on l'invita à prendre la parole, car il était fort éloquent. Il se prêta au désir des convives, et prit pour sujet l'éloge des Macédoniens. Quoique rien ne soit aussi fade que les louanges données en face, il s'en acquitta avec tant de force et de vérité, sans la moindre adulation, que les auditeurs transportés effeuillèrent les roses de leurs guirlandes et l'en couvrirent. Ce mode d'applaudissement était alors en usage : il n'en déplut pas moins à Alexandre, qui dit : *Il n'est pas difficile d'être éloquent quand on choisit son terrain et qu'on le choisit bon; mais*, s'adressant à Callisthènes, *montrez-nous votre éloquence en faisant la censure des Macédoniens, et qu'ils apprennent à se corriger en vous écoutant, et non pas seulement à savourer des louanges.*

Callisthènes obéit, et rétracta avec tant de liberté ce qu'il avait établi d'abord, qu'Alexandre dit : *Un sujet heureux a fait, la première fois, toute son éloquence; maintenant, c'est à son mauvais cœur qu'il doit celle qu'il vient de montrer.*

1° Domine mi, ad neutrum horum delabar extremum, de legibus locuturus Anglicanis. Optimè seipsas commendant iis qui eas intelligunt, atque Majestatis vestræ Justitiarius summus laudavit eas non immeritò. Reverà sunt sapientes, justæ et moderatæ. Dant Deo, Cæsari et subditis, quæ ipsorum sunt. Verum est, mixtas esse, ut linguam nostram, et ex Britannorum, Romanorum, Saxonum, Danorum, Normannorum consuetudinibus compositas: verùm uti lingua nostra eò est copiosior, ita et leges eò perfectiores : neque dedecori ipsis est quod quidam objiciunt, non easdem fuisse semper omni tempore : Nulla enim arbor ab initio tam est bona, quàm postquàm translocata fuerit.

2° Neque, ad imitationem alterius extremi, reprehendere leges queo. Loquor tantùm de earumdem perfectione; quæ facillima est in rebus optimis. Ea quæ valdè sunt depravata ægrè emendationem admittunt; quod verò jam habet aliquid, ei plura

1° Sire, je ne tomberai ni dans l'un ni dans l'autre excès en parlant des lois anglaises; d'abord, en faisant leur éloge, car elles se recommandent assez d'elles-mêmes à ceux qui les comprennent, et c'est avec raison que le Grand-Juge de Votre Majesté les a vantées. En effet, elles sont sages, justes et modérées; elles rendent à Dieu, à César et aux sujets ce qui est dû à chacun d'eux. Il est vrai de dire qu'elles sont, comme notre langue, un composé de coutumes Bretonnes, Romaines, Saxonnes, Danoises et Normandes : mais de même que ce mélange a rendu notre langue plus abondante, de même il a rendu nos lois plus parfaites. Et que l'on ne dise pas que c'est un déshonneur pour celles-ci de n'avoir pas été les mêmes dans tous les temps; car il n'est si bon arbre qui ne gagne à être transplanté.

2° Je ne tomberai pas non plus dans l'extrême opposé, en faisant la censure de nos lois : il s'agit seulement d'ajouter à leur perfection, ce qui est très-facile alors qu'elles sont déjà très-bonnes. Une chose foncièrement mauvaise n'est guère susceptible de correction; mais il est possible d'accroître le mérite de ce qui est bon. Au sur-

possunt addi. Prætereà quæ proponam, non legum materiam, sed formam indicum, expressionum et traditionum respiciunt; adeòque potiùs lux affundetur eis, quàm nova conferetur natura. Hoc cùm ita sit, vix invenio dignitati operis hujus quidquam par.

Nam firmiter honorum regiorum gradus, et satis rectè constituti sunt, ut primum occupent rerumpublicarum *fundatores*, secundum *legumlatores*, tùm sospitatores, et ex diuturnis calamitatibus liberatores. Postmodùm patriæ suæ *patres*, qui sunt justi prudentesque principes, et denique *victores:* qui tamen honoris gradus cæteris non annumerandus, nisi plurium regnorum additio fiat ad regnum, quod victis est melius. Ex his majestati vestræ, majori cum veritate quàm assentatione, primus tribui potest, ob Britanniæ unionem, ac in Hiberniam deductas colonias; quæ utraque *fundatorem* indigitant. Hoc quod jam propono, secundi gradûs titulum Ma-

plus, ce que je propose ne regarde pas le fond des lois, mais seulement la forme des titres sous lesquels elles sont rangées, le texte et les traditions qui les contiennent; de façon qu'il s'agit plutôt de les éclaircir que de changer leur nature. Cela étant, je trouve à peine quelque chose qu'on puisse comparer à l'utilité d'un tel œuvre.

Les différens degrés de gloire auxquels les rois peuvent prétendre sont assez bien marqués pour qu'il soit permis d'assigner le premier *aux fondateurs* d'États, et le second aux *législateurs*, en tant qu'ils sont les sauveurs de leur pays et le délivrent des calamités qui naîtraient journellement de l'anarchie. Viennent ensuite *les pères* de la patrie, c'est-à-dire les rois justes et sages, puis enfin les rois *victorieux*. Toutefois il ne faut pas joindre ceux de cette dernière classe aux précédens, à moins qu'ils n'aient réuni plusieurs royaumes au leur pour le bonheur des vaincus, comme l'a fait Votre Majesté. On peut même dire avec plus de vérité que de flatterie que vous pouvez être mis au premier rang, pour avoir opéré l'union des deux royaumes, et avoir envoyé des colonies en Irlande; deux bienfaits qui vous méritent le titre de *fondateur*. Au moyen

jestati Vestræ acquirere potest. *Legislatores* appellati sunt *principes perpetui.* Nam uti Gardnerius Episcopus malo dixit sensu, *velle se, et centum post mortem annis Episcopum esse ,* intuitu præceptorum quibus instruxerat suos, sic legislatores etiam post mortem imperant et regunt per leges suas.

Verum opus hoc, cùm per se splendeat, accensâ non eget face. Quoad securitatem, congruentiamque ejus, necesse saltem est ad eas respondere objectiones, quæ in contrarium afferri possunt.

Object. 1ª. —·Esse opus minimè necessarium; et legem, qualis nunc est, benè constitutam esse, etiam exterorum legibus æquiparari aptam ; neque possibile esse ut hominis ingenium fragilitate suâ impeditum, omnibus legis incertitudinibus, evasionibus, omissionibusque providere queat.

Respons. — Vanum est de comparatione cum legibus exteris loqui ; non enim hìc un-

de ce que je propose, Votre Majesté peut encore acquérir une place dans la seconde classe : or, les *législateurs* ont été décorés du nom de *princes perpétuels*; aussi bien ce que le prélat Garnier disait à tort de lui-même, savoir, *qu'il voulait être encore Évêque cent ans après sa mort*, entendant parler de l'influence que conserverait sa doctrine sur ses adhérens, les législateurs peuvent le dire, puisqu'après leur mort ils gouvernent et commandent encore par leurs lois.

Au reste, une œuvre comme celle - ci est si brillante par elle - même, qu'il n'est pas besoin de lui prêter de l'éclat. Néanmoins, pour prouver qu'elle est sans dangers, et qu'elle réunit toutes les convenances, il est indispensable de répondre aux objections qu'on pourrait lui opposer.

1re *objection.* — La mesure proposée n'est nullement nécessaire. La loi est bien comme elle est, et n'a pas à redouter de comparaison avec les lois étrangères. Il n'est pas possible à l'esprit humain, empêché par sa propre fragilité, de pourvoir à toutes les incertitudes, à toutes les équivoques, à toutes les omissions de la loi.

Réponse. — Il est inutile de comparer nos lois avec les lois étrangères : chacun porte ses

quàm consentient homines. Jurisperiti nostri pro lege municipali sententiam ferent : civilis legis periti, et illi qui peregrinati sunt, aliter statuent. Hoc autem verum est, leges nostras, uti nunc habemus eas, variis obnoxias esse incertitudinibus, opinionum varietatibus, dilationibus et evasionibus. Undè nascitur multas et diuturnas esse lites ; rixosos armis instrui, virum verò integrum defatigari et opprimi ; judicem magis esse absolutum, qui in casibus dubiis majori gaudet libertate et potentiâ ; fora magis frequentari, quandòquidem remedium sæpè obscurum est et dubium ; jurisconsultum imperitum suam legis ignorantiam contegere dubiis tam frequentibus ; hominum possessiones esse incertas, quoniam contractuum libelli, testamenta et diplomata saepè in quæstionem vocari et irrita reddi queunt : ut alia taceam.

Egregia est regula (nam omnes secundùm magis et minùs incertæ sunt leges) isthæc : observa, nùm enata dubia sint

préventions particulières dans ces sortes de comparaisons ; les jurisconsultes opteraient pour notre loi municipale ; les publicistes et ceux qui ont voyagé seraient d'un autre avis. Ce qu'il y a de certain, c'est que nos lois, telles qu'elles sont, sont sujettes à des incertitudes, à des interprétations diverses, à des lenteurs et à des équivoques : ce qui donne lieu journellement à une foule de procès ; fournit des armes aux gens processifs, fatigue et opprime l'homme honnête et paisible ; pousse les juges à l'arbitraire, leur laissant toute liberté et toute puissance dans les cas douteux ; peuple d'autant plus le Palais, que les remèdes qu'on y trouve sont moins clairs et moins certains ; permet au juge inhabile de cacher son ignorance de la loi sous les doutes multipliés qu'elle fait naître ; enfin, jette de l'incertitude sur le droit de propriété, par la facilité qu'elle donne d'attaquer et de faire annuler les actes, les testamens et les titres : je n'en dis pas davantage.

Toute loi présentant plus ou moins d'incertitudes, une règle bien sage est celle-ci : observez si les doutes naissent des cas ordinaires,

tantùm in casibus ordinariis et raris. Si prius, adscribe tantùm fragilitati humanæ, quæ legibus suis ad omnes pertingere nequit casus : si verò posterius, persuasus esto in lege defectum esse. Neque de hoc plura, præterquàm istud, ut unicuique suum tribuam : nisi Edvardus Cokius recensuisset eam (quæ recensio licet erroribus scateat, iisque gravibus, contineatque resolutiones extrajudiciales, nec auctoritate fultas, attamen et complectitur bonas decisiones infinitas, casuumque regulas), lex hoc tempore esset ferè instar navis absque saburrâ. Casus enim præsentium temporum longè diversi sunt ab iis qui dijudicabantur olim. Hoc verò opus nullibi magis est necessarium, quàm in statutorum corpore. Nam primò multæ ibi sunt illaqueantes pœnariæ leges, subditis incumbentes, quæ si temporibus iniquis ressuscitarentur atque executioni darentur, omninò contererent eosdem. Eruditus quidam jurisconsultus illam prophetæ maledictionem, *pluet super*

ou seulement des cas extraordinaires et rares : si des cas ordinaires, attribuez-les à la fragilité humaine, qui ne peut atteindre par ses lois à tous les cas; mais si des cas extraordinaires, il y a, n'en doutez point, un défaut dans la loi. A ceci je n'ajouterai qu'un mot, et ce sera pour rendre à chacun ce qui lui appartient : c'est que nos lois ressembleraient à un vaisseau sans lest, si ce n'était la révision qu'Édouard Coke en a faite : car, quoique cette révision soit bien loin de les avoir purgées d'erreurs, et même d'erreurs très-graves, quoiqu'elle ait produit des solutions extrajudiciaires destituées d'autorité, il faut convenir qu'elle a produit aussi une infinité de bonnes décisions et d'excellentes doctrines. Il ne faut pas se le dissimuler, les questions qui se présentent de nos jours sont bien différentes de celles qui ont été jugées jadis. Mais l'opération que je demande n'est nulle part plus nécessaire que dans le corps des statuts; car, d'abord, il s'y trouve une foule de clauses pénales qui sont autant de piéges tendus aux justiciables, et qui deviendraient tout-à-fait oppressives, si, dans des temps d'iniquité, il arrivait qu'on les fît revivre et qu'on les exécutât. Je ne sais quel savant jurisconsulte a

eos laqueos, de multitudine pœnalium legum interpretatus est : magis noxia enim est quàm grandinis imber, vel alia tempestas pecudes feriens; hæc enim in homines cadit. Sunt quidem aliquæ ex legibus istis retinendæ; ast pœnam infligunt nimiam : et semper observatum est, pœnas nimias, præter acerbitatem suam, infringere legis executionem.

Deindè et inconveniens est, quòd sint leges pœnales obsoletæ; hoc enim inducit gangrænam, neglectum et inobedientiæ speciem adversùs leges sanas, continuâ praxi et executione dignas. Adeòque leges nostræ Mezentii experiuntur supplicium : *vivi in mortuorum pereunt amplexibus.*

Denique tantus est statutorum cumulus circa materiam eamdem, eaque tam perversa et intricata, ut legis certitudo vel in solo perdatur acervo. Ut et ipsa Majestas Vestra est experta nuper, cum quæreretur

dit qu'il fallait entendre de la multiplicité des lois pénales cette malédiction du prophète : *Il pleuvra sur eux des filets :* elle est en effet pire que la grêle, pire que la foudre qui frappe les troupeaux, puisque c'est sur les hommes qu'elle tombe. Il est pourtant quelques-unes de ces lois qu'il faut conserver, et qui n'ont d'autre défaut que d'être trop sévères : or l'on a presque toujours observé que les peines trop sévères, indépendamment du vice qui résulte de leur acerbité, ne sont presque jamais exécutées.

Il arrive de là que les lois pénales tombent en désuétude, et c'est un grand mal ; car, par suite, la gangrène, l'oubli, et l'exemple de la désobéissance, s'attaquent aux lois sages et dignes d'être à jamais observées et exécutées. C'est ainsi que nos lois subissent le supplice de Mézence ; *ce sont des êtres vivans qui périssent attachés à des morts.*

Enfin l'accumulation des statuts sur chaque matière est telle, et chaque matière elle-même est si obscurcie et si embarrassée, que ce fatras suffirait pour dérober à la loi sa certitude. Votre Majesté elle-même en fit dernièrement l'expérience, lorsqu'elle demanda si l'incendiaire du

an Novi-Fori incendiarius debeat sui cleri gaudere beneficio.

Obj. 2. — Magnam esse innovationem; omnes autem innovationes esse, ultrà quàm prævideri possit, periculosas.

Resp.—Purgationes omnes et medicationes, sive in naturali, sive in civili fiant corpore, sunt innovationes. Adeòque argumentum hoc, locus est topicus adversùs reformationes præclaras omnes. Verùm in eo versatur negotium, non debere opus hoc appellari haberique pro innovatione malo sensu : nam innovationes evitandæ respiciunt conscientias, bona et fortunam privatorum. Hæc verò generalis cùm sit constitutionis, nullum lædit privatum, sed procedit sine strepitu. Prætereà melioris sortis est, allevat, non premit : et denique est potiùs ordo et explanatio, quàm immutatio : Neque est sine exemplo in rebuspublicis antiquis.

Marché-Neuf pouvait invoquer le bénéfice de sa qualité de clerc.

2e *Objection.* — La mesure proposée est une grande innovation; or toute innovation est beaucoup plus dangereuse qu'on ne le peut prévoir (*a*).

Réponse. — Comme tout remède destiné à purger, soit le corps humain, soit le corps politique, est une innovation, avec le raisonnement de nos adversaires, il n'y aurait pas de cure possible. Mais il faut s'entendre : ou ce que je propose n'est pas proprement une innovation, ou c'est une innovation heureuse. Les seules innovations à éviter sont celles qui regardent les consciences, les biens et le sort des particuliers; celle-ci, touchant à l'ordre général, ne blesserait aucun intérêt privé, et s'opérerait sans bruit. Au surplus, une innovation qui est en même-temps une amélioration soulage et n'opprime pas. Enfin ce que nous demandons est plutôt une classification et un éclaircissement qu'un changement; c'est d'ailleurs une chose qui n'est pas sans exemple chez les peuples de l'antiquité.

____

(*a*) Il paraît que les gens qui aiment l'eau trouble, parce qu'ils y pêchent, ont de tout temps parlé le même langage.

Obj. 3. — Hâc legis statutorumque purgatione multa etiam auferentur bona.

Resp. — Potest fieri, quòd in omni purgatione aliquantùm hnmoris boni decedat : verumtamen hic defectus largè compensatur eo, quòd corpus à malis multis liberatur.

Obj. 4. — Satius esset, si lex Angliæ communis fieret textualis, uti sunt statuta : et utraque certâ methodo sub certis consignaretur titulis.

Respond. — Nimis longum foret decidere utrùm lex *scripta* aut *non scripta*, id est, textus legis, vel consuetudines in ordinem digestæ, cum receptis et approbatis fundamentis, seu axiomatibus, actis etiam et definitionibus de seculo in seculum fideliter recensitis, melior sit modus ad declarandas confirmandasque leges. Erat Lycurgi institutum, ne aliqua ejus lex scriberetur : consuetudines sunt leges vivis inscriptæ tabulis. Neque Ecclesia traditiones omnes rejicit. In omnibus scientiis prudentissimi sunt,

3ᵉ *Objection.* — Dans cette épuration de la loi et des statuts, on perdra une foule de bonnes choses.

Réponse. — Il peut arriver que, dans l'évacuation des humeurs corrompues, un peu d'humeur saine soit entraînée; mais cet inconvénient est grandement compensé par l'expulsion d'une infinité de maux.

4ᵉ *Objection.* — On ferait mieux d'écrire le droit commun anglais comme on a écrit les statuts, et de distribuer ceux-ci et ceux-là sous certains titres, suivant une méthode déterminée.

Réponse. — Il serait trop long de décider s'il vaut mieux avoir une loi *écrite* qu'une loi *non écrite;* autrement, si le meilleur mode de sanction et de promulgation pour la loi et les coutumes est de les écrire et de les ranger dans un ordre méthodique, avec les axiomes approuvés et reçus comme fondamentaux, et avec des actes et définitions fidèlement recueillis d'un siècle à l'autre. Lycurgue voulut qu'aucune de ses lois ne fût écrite. Les coutumes sont des lois écrites sur des tables vivantes. L'Église elle-même ne rejette pas toute tradition. Chaque science a ses prud'hommes qui se consacrent spécialement à l'interpréter, et je suis certain

qui specialibus pressè adherent. Certusque sum plura enasci dubia ex statutis nostris, quæ sunt *lex scripta*, quàm ex lege communi, quæ *scripta non est.* Sed utcumque hæc decidatur quæstio, suadere non audeo, ut lex in novam redigatur formam. Opus quod intendo, est ut lex putetur et inseratur, non verò sulcetur planteturque de novo : hoc enim reverà perniciosa esset innovatio.

Obj. 5. Judices, jurisconsultos et jurisstudiosos in scholam reducet, jubebitque inquirere denuò, quod manu teneat, ac pro lege recipiant : novamque denique causidicis imponet necessitatem alios coëmendi libros.

Resp. Novus requireretur labor, si lex fieret *scripta* : nam hîc incipere oporteret eruditos. Ideòque et hæc est ratio ob quàm scribi dissuadeo. Sed illa ratione, quam nunc proponam, integrum corpus et systema legis permanebit, rejectis saltem otiosis, inutilibus aut noxiis materiis : illustrabi-

qu'il ne naît pas plus de difficultés de nos statuts, qui sont *une loi écrite*, que du droit commun, qui est *une loi non écrite*. Mais, de quelque manière qu'on décide cette question, je n'oserais conseiller de changer la forme de ces lois. Je demande qu'on les taille et les greffe, mais non qu'on les arrache pour en replanter de nouvelles; car c'est là ce qui serait réellement une innovation dangereuse.

5° *Objection.* —On dit que nous voulons renvoyer aux écoles, pour y recommencer leurs études, juges, jurisconsultes, et quiconque cultive la science du droit; que nous prétendons les forcer à recevoir les lois de nos mains, et contraindre les officiers de justice à acheter de nouveaux livres.

Réponse. — Si l'on convertissait notre droit *en lois écrites*, sans doute de nouvelles études deviendraient indispensables; car, à compter de ce jour, il faudrait être savant pour le comprendre : aussi je ne conseille pas de l'écrire; mais, au moyen de ce que je propose, le corps et le système de nos lois resteront tels qu'ils sont; seulement ils seront débarrassés des ma-

turque ordine, aliisque ad melius intelligendum et dijudicandum subsidiis. Quod verò novos obtendant sumptus, quos facere oporteat, vix loquelâ dignum est in re tam arduâ: potuisset idem adversùs novam Bibliorum interpretationem objici, et opera similia. Libri sequantur scientias, non scientiæ libros.

OPUS IPSUM, ET MODUS COLLIGENDI AC DIRIGENDI LEGES ANGLICANAS.

Opus hoc (ut paucis expediam; non enim facta multis egent verbis) istâ perficiendum ratione : duabus constat partibus : *Digestione* seu *collectione* legis communis et statutorum. In illa tria sunt præstanda: 1° *fiat liber de antiquitatibus juris ;* 2° *reducatur seu perficiatur legis communis systema ;* 3° *conscribantur introductiones et alia legum studiis ministrantia.*

tières oiseuses, inutiles ou nuisibles qui les encombrent; l'ordre qui y règnera les rendra plus clairs, et les autres perfectionnemens qu'on y apportera les rendront plus intelligibles et d'une application plus facile pour les juges. Quant aux dépenses que cela obligera de renouveler, je daigne à peine en parler dans une matière de cette importance. On pourrait faire le même reproche à toute nouvelle interprétation de la Bible, et à toute entreprise du même genre; mais c'est aux livres à suivre les sciences, et non aux sciences à suivre les livres.

DE L'EXÉCUTION, OU DU MODE A EMPLOYER POUR REFONDRE ET RECUEILLIR LES LOIS ANGLAISES.

Voici maintenant le mode d'exécution de ce que je propose : peu de mots suffiront pour l'exposer; car l'action fuit les paroles. Mon projet se divise en deux parties : *la refonte* et *la collection* des lois de droit commun et des statuts. Pour l'exécuter, trois choses sont nécessaires : 1° *la composition d'un livre des antiquités du droit;* 2° *la réduction du droit commun en un seul corps;* 3° *l'addition d'introductions et autres accessoires de l'étude des lois.*

Quoad *primum*, necesse est ut omnia monumenta antiqua in arce regiâ vel alibi, quæ continent parlamenti acta, diplomata illustria, commissiones et judicia, etc., conquirantur, perlegantur et examinentur. Ex his seligantur quæ maximæ sunt dignitatis et ponderis : et quidem ratione temporis, non titulorum (ut eò meliùs annalibus respondeant) collocentur, raro iisdem verbis, sed cum judicio excerpta, ne ulla pars prægnans omittatur. Et ista adhibeantur, tanquàm exempla veneratione digna, non verò ut auctoritates constringentes.

Quoad *secundum*, quod est primarium, fiat legis descriptio, secundùm temporis seriem (quam annales vocamus) inde ab Edvardo primo ad hunc usque diem. Hîc autem observentur sequentia :

Primò : casus omnes qui hodie legem manifestè non constituunt, sed perpetuò contrariantur, eidem omittantur. Implent tantùm volumina, atque studiosorum acuunt ingenium contra legem. Casus autem om-

Quant *aux antiquités*, il faudra compulser, lire et examiner avec soin tous les antiques monumens conservés dans les archives royales et ailleurs, actes du parlement, lettres patentes, commissions, jugemens, etc.; on en extraira ce qu'il y a de meilleur et de plus important, puis on le rangera d'après l'ordre des temps, et non d'après celui des matières, afin qu'il soit plus facile d'en saisir la correspondance avec nos annales : rarement on conservera les expressions originales ; on choisira avec discernement, et de manière à ce qu'aucune idée mère ne soit omise ; enfin l'on considérera ces extraits comme des exemples qui méritent de la vénération, mais non comme des autorités impératives.

Quant *au corps de droit commun*, il faudra y ranger les lois dans l'ordre de nos annales, depuis Édouard Ier jusqu'à ce jour. On observera les règles suivantes :

1° On omettra tous les cas qui ne font pas partie de la loi actuelle, et qui sont perpétuellement en contrariété avec elle : ils ne servent qu'à remplir des volumes et à aiguiser l'esprit de controverse. Quant aux cas sur lesquels il existe depuis long-temps des décisions solennelles, et

nes dudùm solemniterque decisi, et de quibus jam quæstio movetur nulla, ponantur ceu res judicatæ et definitæ absque argumentis, quæ nunc solùm pro frivolis habentur. In gratiam tamen legisperitorum profundè doctorum, ut videant quomodò lex immutata fuerit, indèque in commodum suum eliciant quædam, suadeo, ut quam primùm casibus obsoletis apponatur memorandum, legem hanc hucusque viguisse, sic fuisse acceptam, etc.

Secundò : *homoionomiæ* (ut Justianus appellat eas), hoc est, casus merè iidem, removeantur ; iique retineantur tantùm, qui optimè sunt enarrati, atque muniti argumentis. Sententiæ autem judiciales singulæ juxta temporum seriem apponantur, allegatis tantùm locis ubi fusiùs pertractatæ reperiuntur. Si verò in casu occurrat tum repetitio, tum materia nova, omittatur illa.

Tertiò : *antinomias* ut hi tollant commissarii, majus est, quàm quod eorum

qui aujourd'hui ne font plus question, on les donnera comme choses jugées et mises hors de discussion, qui maintenant ne présentent plus de difficulté sérieuse. Toutefois je suis d'avis qu'on les recueille en faveur des légistes qui voudraient approfondir la science du droit, afin qu'ils voient comment la loi s'est fixée, et qu'ils en fassent leur profit ; afin aussi que chaque cas tombé en désuétude rappelle que telle loi a existé, a été entendue de telle manière, etc.

2° Que *les homoïonomies* (comme Justinien les appelle), ou les cas parfaitement identiques, soient écartés ; il suffira de conserver la meilleure leçon et la mieux motivée. A l'occasion de chaque cas, on rappellera dans l'ordre des temps les décisions judiciaires qui s'y rattachent, en se contentant d'indiquer les sources où elles se trouvent rapportées au long ; mais si, dans l'exposé des cas, il se rencontre, soit une répétition, soit une matière nouvelle, il faudra l'omettre.

3° La suppression complète des *antinomies* sera préalable aux explications ingénieuses que

possit committi ingenio, nisi adsit sententiarum in contrarium hâc ætate copia : ideòque leges contrarias obsoletis annumero : de quibus antehac. Hæ tamen contradictiones diligenter annotentur, colliganturque : eum in finem, ut dubia illa hactenùs controversa vel in congregatione omnium ærarii advocatorum vel parlamento definiantur. Nam ut in quæstionem veniant, sub nominibus fictis minimè probandum : *Nil habeat Forum ex scenâ.*

Quartò : quæstiones otiosæ, quæ sunt dubiorum semina, omittantur : nisi dubium quoddam magni momenti exhibeant, benè expensum, non tamen ob difficultates suas decisum : dubia enim, etiam in argumentis explicationis ergò reperienda, satius est emori, quàm in libris conservari.

Quintò : casus referantur brevissimis, id est, evitentur tautologiæ et obscuritas. Quod verò attinet negligentem et minùs intelligibilem relationem, quæ sæpenumerò

pourraient en donner les commissaires révi-
seurs, à moins que ces explications ne soient
étayées sur un grand nombre de décisions ren-
dues de nos jours : je mets donc les lois qui se
contredisent au nombre de celles qui sont tombées en désuétude, et dont j'ai déjà parlé. Toutefois il faudra noter avec soin et recueillir ces
contradictions, afin de les soumettre à l'assemblée générale des avocats du trésor, ou de les
faire résoudre par le parlement; car je n'approuve nullement qu'on fasse décider ces questions dans des conférences, sous des noms
supposés : *que le Forum n'emprunte rien aux
jeux de la scène.*

4° On passera sous silence les questions oiseuses qui sont des semences de doutes, à
moins qu'il n'en sorte un d'une haute importance, bien approfondi, quoique non résolu, à
cause des difficultés ardues qu'il présente; car
il vaut mieux négliger les doutes que les conserver dans des livres, fût-ce même dans des
commentaires.

5° Enfin, on relatera les cas avec une extrême concision, afin d'éviter les pléonasmes et
l'obscurité. Quant aux rédactions négligées et
moins intelligibles, qui font perdre si souvent

studiosos confundit : ea corrigetur obiter : primariò autem, si in relatione quidquam *sit, quod documentis minimè* continetur diligenter emendandum erit.

Methodo ergò hâc receptâ, in Majestatis vestræ solùm erit voluntate positum seligere quosdam eruditos prudentesque jurisconsultos, eosque honesto instruere stipendio, ut sint relatores temporibus futuris; et sic in omne id sancitum erit ævum.

Quoad *tertium* libri legum studiosis subservientes sunt tres : *institutiones;* Tractatus *de regulis juris;* et denique de *verborum significationibus.*

Institutionum libros jamdùm extare, eosque egregios, sat benè novi, præsertim *Littletoni* et *Fitzherberti (naturam brevium):* verùm nullatenùs sunt ex institutionum genere, quarum officium est, ut sint quasi claves et generalis præparatio ad juris studium : duo enim præprimis debent habere propria : primò, sint perspicua et clara, quoad ordinem seu methodum : deindè, latè se

patience aux lecteurs, on les corrigera, chemin faisant; on corrigera surtout avec soin tout ce qui ne résulterait pas des documens qu'on aura sous les yeux.

En adoptant cette méthode, Votre Majesté n'aura qu'à choisir quelques sages et savans jurisconsultes, à les rétribuer honorablement pour recueillir tout ce qui interviendra dans la suite, et à ordonner que désormais il en soit toujours ainsi.

Quant aux *introductions* à l'étude du droit, trois livres sont nécessaires à ceux qui étudient les lois : 1° *des institutions* (ou élémens); 2° un traité *des règles du droit;* 3° un traité *de la signification des termes.*

Je n'ignore pas qu'il existe déjà d'excellentes *institutions*, entre autres celles de *Littleton* et de *Fitzherbert*, intitulées *Nature des principes* (natura brevium); mais ce ne sont pas là des *institutions* telles qu'il nous en faut, qui soient comme les clefs du droit, et une préparation générale à son étude. Des institutions doivent posséder éminemment deux qualités : elles doivent d'abord être ordonnées d'après une méthode claire et lucide; puis leur portée doit s'étendre à tout l'ensemble de la science et la

extendant ad universa, comprehendantque,
ut studiosi uniuscujusque rei prægustum
habeant : sintque ceu delineatio domûs
extruendæ.

Tractatum *de regulis juris* præ aliis maximè momentosum esse statuo, inque eo legum
versari salutem. Est reverà quasi saburra in
navi, ut omnia conserventur erecta atque
firma. Verum pauca hoc in genere vidi, quæ
mihi vel in nostrâ Regione, vel in aliarum Re-
gionum legibus satisfaciant. Regula sola, seu
maxima, per se nihil efficit. Necesse est ut ad
usum transferatur distinctionibus sanis, am-
plificationibus et limitationibus, auctoritate
bona fultis : quod tamen non fiet allegatio-
nes multiplicando, verùm discursu et de-
ductione in tractatu ipso. In hoc ipse ten-
tavi quidquam, sed ab initio cursim, deindè
majori cum diligentiâ, et pergam, si Deus
Majestasque Vestra permiserint. Assevero
etiam Majestati Vestræ, me sperare, quod si
Edvardi Coki relationes, meæque regulæ et
dicisiones ad posteritatem devenient, tùm

comprendre virtuellement, afin que les étudians y prennent un avant-goût de chacune de ses parties : elles doivent être comme le dessin de l'édifice qu'ils ont à construire.

Mais c'est le *traité des règles de droit* qui est, à mon sens, le plus important; j'y attache le salut de toute la législation : au fait, il est comme le lest qui maintient le vaisseau immobile et d'aplomb. Mais j'ai peu vu de traités de ce genre, soit chez nous, soit chez les autres peuples, qui me satisfassent. Une règle isolée, quelque bonne qu'elle soit, est par elle-même sans efficacité; pour devenir utile, il faut qu'elle soit façonnée par des distinctions judicieuses, par des développemens et des restrictions appuyés sur une autorité imposante : or on n'arrivera pas à ce but en multipliant les citations, mais par une discussion bien déduite dans le traité même. J'ai fait moi-même un essai dans ce genre, mais d'abord ébauché rapidement, puis travaillé avec plus de soin; je le continuerai, s'il plaît à Dieu et à Votre Majesté. Je garantis même à cette dernière, quoi qu'en disent les habiles de nos jours, que si les dissertations d'Édouard Coke (1) et mes règles et décisions parviennent à la postérité, on doutera qui de

(quidcumque nunc statuant eruditi) questionem fore, quis major fuerit legisperitus.

Liber *de verborum significatione* extat misellus, opto autem ut habeamus diligenter collectum, qui non solùm legis terminos exponat, sed et verba omnium antiquorum documentorum, exemplorumque.

Deindè etiam opto, ut nemo compendiis utatur, nisi qui legis systema perlegerit. Sint ea eruditorum repertoria, non verò subito juris-consultum forment. Sed quoniam id fieri nequit, opto, ut bonum fiat compendium ex duobus illis quæ extant, meliorique instruatur ordine, et de lege communi tantùm.

Lex statutorum ut emendetur, requiruntur quatuor : 1° abrogentur statuta obsoleta; 2° abrogentur etiam illa, quæ licet non sunt in usu, attamen illaqueant, aliaque in eorum surrogentur locum; 3° plurium statutorum pœna mitigetur, lex tamen stet firma; 4° reducantur statuta sibi vicina ad legem uniformem et unicam. Quem in

nous deux fut le plus grand jurisconsulte : telle est au moins mon espérance.

Il existe un misérable petit livre *de la signification des termes*, mais je désire qu'on nous en donne un plus complet, et qui ne se borne pas à définir les termes employés par la loi, mais qui comprenne encore tous ceux qui se trouvent dans les anciens exemples et documens.

Je désire ensuite que personne n'ait recours aux commentaires qu'après avoir bien saisi tout le système de la loi. Qu'ils soient le répertoire du savant, et non l'abécédaire du jurisconsulte. Mais, comme je ne puis espérer d'être écouté, je désire que des deux commentaires qui existent on en compose un seul rédigé dans un meilleur ordre, et pour le droit commun seulement.

Pour corriger les statuts, quatre choses sont requises : il faut, 1° abroger les statuts tombés en désuétude ; 2° abroger ceux qui, quoiqu'on ne les exécute plus, tendent encore des pièges, et les remplacer par d'autres ; 3° adoucir les peines prononcées par plusieurs, en laissant subsister le fond de la loi ; 4° ramener à une loi unique et uniforme les statuts qui rentrent les uns dans les autres. Du. Hobert, Finchius, Noye,

finem, tum Majestatis Vestræ jussu, tum suasu meo, operam collocârunt egregiam Dn. Hobertus, Finchius, Noye, Hakvellus et ego ipse, quorum opera, quoniam sunt vasta, haud decet Majestatem Vestram iis nunc morari. Hoc solum ex iis observare libet, vel hinc elucere, jam telam esse cœptam. Quoniam autem hoc opus ut Parlamenti fiat auctoritate necesse est; Parlamento autem solùm methodus placebit, quam præscribet ipsum, et personæ, quas seliget, repetantur anno vigesimo septimo Henrici VIII, et quarto Edvardi VI sancita, commissariisque circa canonicum jus demandata, commissariis item circa unionem duorum regnorum, anno primo Majestatis Vestræ : nominenturque commissarii ab utrâque domo, non tamen cum auctoritate concludendi seu definiendi, sed tantum præparandi, ac Parlamento proponendi. Hæc, puto, optima erit via, ad perficiendum opus illud illustre, cujus gloria ad Majestatis Vestræ pertinebit ævum, commodum autem ad sæcula futura.

Hakwel et moi, tant par l'ordre de Votre Majesté qu'à ma sollicitation, nous nous sommes réunis pour faire un travail important dans ce but. Cette entreprise est si vaste, que ce n'est pas le moment d'y arrêter l'attention de Votre Majesté; je me contente de lui faire observer que le tissu de l'ouvrage est déjà commencé : or, comme il aura besoin de la sanction du Parlement, et que le Parlement n'approuve que les plans qu'il a donnés lui-même, et n'agrée que les personnes qu'il a choisies, il faudra faire revivre les bills rendus la 27ᵉ année du règne d'Henry VIII et la 4ᵉ de celui d'Édouard VI, lesquels ont confié à des commissaires un travail du même genre que le nôtre sur le droit canon, et celui de la 1ʳᵉ année du règne de Votre Majesté, concernant l'union des deux royaumes : en exécution de ces bills, les deux chambres nommeront des commissaires, qui, sans avoir le droit de rien conclure, ni de rien terminer, seront seulement chargés de préparer un projet et de le soumettre au Parlement. Ce sera, je pense, le meilleur moyen de mettre la dernière main à cette grande œuvre, dont la gloire appartiendra au siècle de Votre Majesté, et l'utilité aux siècles futurs.

EADEM REGI PROPONUNTUR.

Inter gradus seu actiones Imperatorii vel potius heroïci honoris, primus aut secundus legislatoris personæ et meritis concedendus. Principes benè imperantes sunt patriæ patres. Ast si pater benè educaverit filium suum, benèque providerit ei, dùm est in vivis, nihil verò moriturus relinquat, quo neque ipse, neque liberi ejus, filiorumque filii possint sustentari; næ imperfecta est cura pietasque paterna. Ita reges unam sæculi partem felicem reddentes bono regimine suo, nisi testamento caveant (uti Deus omnipotens fecit) ut bonum sit perpetuum, mortales tantùm sunt et transitorii benefactores.

RÉPRODUCTION

DE LA MÊME PROPOSITION (a).

ENTRE les divers degrés de gloire, entre les actes héroïques auxquels peuvent aspirer les rois, le premier ou le second rang appartient de droit aux législateurs. Les princes habiles dans l'art de gouverner sont les pères de la patrie : or, c'est en vain qu'un père donnerait une bonne éducation à son fils, et pourvoirait de son vivant à tous ses besoins, s'il ne laissait rien après sa mort, de façon que ses enfans et les enfans de ses enfans n'eussent pas de quoi subsister; il prouverait que sa tendresse est bien

(a) Il paraît que Bacon revint plusieurs fois à la charge, et toujours sans succès : aussi les lois anglaises sont-elles encore éparses et dans la confusion qu'il signalait il y a deux cents ans ; si ce n'est que le temps, et les révolutions, plus fécondes que lui dans ce genre, ont augmenté le mal. Cette seconde proposition se trouve dans le 2ᵉ volume des OEuvres complètes (1765), sous ce titre : *An offer to king James of a digest to be made of the laws of England.*

Domitianus, paucis ante obitum diebus, per somnium vidit *aureum cervici suæ caput impositum;* idque denotavit. ætatem auream per quinque ipsius successores continuatam. Reges subditis suis sanas leges dictantes, possunt, si volunt, ipsi ejusmodi caput aureum cervici suæ inserere, etiam post suam mortem. Imò possunt Nabuchodonosoris imaginem, monarchias referentem, facere auream à capite usque ad .talos.

Etsi qui sunt ex politicorum vulgo, pejora tantùm cernere apti, existiment leges saltem ara⬤rum esse telas; bonos principes, absque iis, posse rectè agere, malos autem iisdem non coërceri, neque benè neque prudenter loquuntur. Nam certum est leges bonas malorum principum esse frenum, et regiminis munimentum. Et licet tyranni

imparfaite ou bien imprévoyante. Ainsi les rois qui se contentent de pourvoir par une bonne administration aux nécessités contemporaines, sans s'occuper de perpétuer par un testament, à l'exemple de Dieu, le bien qu'ils ont fait, ne sont que des bienfaiteurs mortels et passagers.

Peu de jours avant sa mort, Domitien eut un songe, dans lequel il lui sembla *qu'on plaçait une tête d'or sur ses épaules*. On en conclut que l'on verrait reparaître l'âge d'or sous ses cinq successeurs. Les rois qui donnent de bonnes lois à leurs sujets peuvent, s'ils le veulent, se faire à eux-mêmes une tête d'or pour après leur mort : ils peuvent plus encore, ils peuvent transformer en or, de la tête aux pieds, toute la statue de Nabuchodonosor, qui figure les monarchies.

Le commun des politiques, enclin à regarder les choses du mauvais côté, voit dans les lois des toiles d'araignées, inutiles quand les princes sont bons, et impuissantes quand ils sont mauvais. Il n'y a pas de sagesse et de vérité dans cette opinion : les lois sont, quoi qu'on en dise, un frein pour les mauvais princes et un appui pour les bons gouvernemens ; et bien que les tyrans les transgressent quelquefois, elles adoucissent cepen

aliquandò transgrediantur eas, attamen ipsam emolliunt tyrannidem, ut Solonis leges
Pisistrati sævitiam : et eluctantur omninò
ævo meliore succedente. Alia, ad conser-
vandam principum memoriam meritaque,
media hoc sunt inferiora. AEdificationes
templorum, tumbarum, palatiorum, thea-
trorum, etc. honore dignæ sunt, et apud
posteros supersunt. Verum Constantinus
Magnus rectè insignivit opera ista, Traja-
num multa ædificantem *Parietarium* ap-
pellans (nomen enim ejus parietibus in-
numeris erat inscriptum). Adriani genius
erat præstantior. Ejus enim mens erat de-
certare cum tempore : totumque romanum
imperium pervagatus, ubicunque offendit
pontes, vias regias, rivorum alveos, et ca-
nales, muros, ripas defecisse, illicò repa-
rari jussit. Innumera etiam privilegia et
libertates concessit in solatia civitatum so-
cietatumque attritarum : adeò ut liberalitas
ejus cum temporum contenderit ruinâ. Verùm et hæc licet præclara esset intentio,

dant la tyrannie elle-mème. C'est l'effet que produisirent les lois de Solon sur la tyrannie de Pisistrate. Les bonnes lois préparent toujours pour l'avenir des temps meilleurs, et rien ne garantit autant de l'oubli le souvenir et la gloire des princes. La construction de temples, de monumens funèbres, de palais, de théâtres, est sans doute une chose digne d'éloge, et qui passe à la postérité ; mais Constantin-le-Grand a fait la part de gloire qui appartient à ces œuvres, lorsqu'il a donné à Trajan, qui a tant bâti, le surnom de *Maçon*, en voyant son nom inscrit sur une multitude d'édifices. Le génie d'Adrien visait bien plus haut ! dans l'intention de lutter avec le temps, il parcourut l'empire romain, et ordonna la prompte réparation de tous les ponts, grandes routes, lits de rivière, canaux, rives et murs qu'il trouva dégradés. Il accorda aussi une foule de privilèges et de libertés aux cités et aux établissemens ruinés, comme pour les consoler ; au point que sa libéralité balança les ravages du temps. Néanmoins quelque grandes que fussent ses vues, elles s'arrêtèrent à l'amélioration du sort matériel des peuples, et n'atteignirent ni à leurs vices, ni à leurs vertus. L'honnète homme et le méchant

attamen non nisi ad casas putaminaque rerumpublicarum devenit ; nihil hæc ad virtutem et vitium. Improbus æquè ac pius frui potuit beneficio et commoditate viæ pontisque reparati : mali etiam cives acquirere privilegia potuerunt bona. Certè meliora AEternitatis apud Principes opera sunt ea, quæ *interiora poculi purgant :* Et sunt fundatio collegiorum et lectionum formandæ erudiendæque juventutis causa; fundationes pariter et institutiones ordinum atque fraternitatum, nobilitatis, honestorum ausuum, obedientiæ et aliorum causâ. Verùm et ista sunt quasi hortorum plantationes in paucis hinc indè locis. Non universum excolunt regnum, aut fertile reddunt, ut bonarum legum constitutionùmque confirmatio, quæ integram gentem facit esse instar collegii benè gubernati.

Hujus generis opus in temporum monumentis sat rarum est, eoque ipso ejus demonstratur excellentia. Verumtamen neque adeò rarum, ut et suspectum reddatur de

purent jouir également des avantages résultant de la réparation d'un pont et d'une voie : les mauvais citoyens comme les bons participèrent aux priviléges qu'il accorda. Assurément les princes qui *nettoient le fond du vase* font une chose bien plus utile et bien plus durable. Telle est la fondation des colléges et des cours consacrés à l'éducation et à l'instruction de la jeunesse : telle est aussi la fondation d'ordres et de corporations consacrés à la noblesse et aux entreprises utiles, où l'on apprend à obéir, et mille autres choses. Et pourtant, ces établissemens ne sont encore que des bienfaits épars, comme des plantes dans un jardin : ils ne mettent pas tout le royaume en culture, et n'en fécondent pas toute la surface ; tandis que les bonnes lois et les sages statuts font d'une nation entière comme un collége bien administré.

Une entreprise du genre de celle que je propose s'est assez rarement vue, à en juger par les monumens du passé : mais cette rareté même prouve son excellence ; d'ailleurs elle n'est pas telle qu'elle doive faire soupçonner mon

impossibilitate, inconvenientiâ et periculis. Moses, qui Hebræis præscripsit leges (erat enim ipsius Dei Amanuensis) meretur potiùs in honorem aliorum nominari legislatorum, quàm annumerari iis, vel eorum ordini adscribi. Minos, Lycurgus et Solon thematum scholasticorum sunt exempla; nam homines senes et characteres veteres hodiè repuerascunt; quanquàm illud Pindari verum sit : *res optima aqua :* nam res communes multoties sunt optimæ; et magis fastu contemnuntur, quoniam vulgares sunt, quàm utilitatis intuitu. Verum est horum trium legislatorum leges prærogativâ insigni dotatas fuisse. Primò *famâ,* erant enim exemplar apud Græcos; secundò *duratione,* diutissimè enim, absque immutatione, permanserunt : tertiò *spiritu* ressuscitationis, sæpè enim oppressæ, sæpè restitutæ sunt.

projet d'être inexécutable, d'avoir des inconvéniens et des dangers. Je ne citerai pas Moïse, qui donna des lois aux Hébreux : il ne faut le compter au nombre des législateurs que pour faire honneur à ceux-ci, puisqu'il fut le secrétaire de Dieu même. Mais Minos, Lycurgue, Solon, sont des exemples, que nos scolastiques ne récuseront pas; car on n'aime plus aujourd'hui que ce qui est antique et sent la vieillesse des temps passés. Pindare dit pourtant avec raison que *rien ne vaut l'eau naturelle.* Les choses communes sont ordinairement les meilleures; et en effet, il entre plus d'orgueil que d'amour de l'utile dans le mépris qu'on en fait (*a*). Quoi qu'il en soit, il faut convenir

---

(*a*) Le pédantisme que signale ici Bacon semble vouloir ressusciter aujourd'hui : n'avons-nous pas vu naguère un jeune professeur, dans un simple prospectus de librairie annonçant la réimpression des œuvres de Descartes, s'exprimer sur Platon dans un langage presque cabalistique, et traiter *de commune*, avec une superbe dédaigneuse, la philosophie des Bacon, des Gassendi, des Locke, des Condillac, des la Romiguière, qui, à ses yeux, a le tort d'être claire et nouvelle? Sans doute Platon est un grand écrivain; mais, j'en appelle aux lecteurs de ses œuvres, Montesquieu, qui avait le droit de juger les anciens, parce qu'il les égalait en génie et les surpassait en lumières, n'avait-il pas raison, lorsqu'il écrivait (Essai sur

Inter septem Romanorum reges quatuor fuerunt legumlatores. Nam verum est quod insignis quidam affirmat politicus, *non aliam rempublicam in infantiâ suâ melioribus involutam fuisse fasciis, quàm romanam, ob virtutem regum primorum.* Atque hæc fuit causa admirabilis istius reipublicæ incrementi dein subsecuti.

que les lois de ces trois législateurs ont joui d'une singulière prérogative : d'abord, elles ont été en *grand renom* chez les Grecs, dont elles étaient la règle; ensuite elles ont eu une *longue durée*, n'ayant été changées que fort tard; enfin, elles avaient cet *esprit de vie* qui a fait que, souvent frappées de mort, elles ont souvent ressuscité.

Sur sept rois, Rome a eu quatre législateurs; car ce qu'a dit un illustre publiciste est vrai : *jamais enfance de peuple ne fut enveloppée dans de meilleures langes que l'enfance du peuple romain, et c'est à la vertu de ses premiers rois qu'il en fut redevable* (a). Ce fut la cause de l'étonnant accroissement que cette république prit dans la suite.

---

le goût) : *Ces dialogues où Platon fait raisonner Socrate, ces dialogues si admirés des anciens, sont aujourd'hui insoutenables, parce qu'ils sont fondés sur une philosophie fausse : car tous ces raisonnemens tirés sur le beau, le parfait, le sage, la fou, le dur, le mou, le sec, l'humide, traités comme des choses positives, ne signifient plus rien?* On le voit, Montesquieu préférait à Platon la vérité.

(a) Montesquieu a dit aussi : *Une des causes de la prospérité de Rome, c'est que ses rois furent tous de grands personnages. On ne trouve point ailleurs dans les histoires une suite non interrompue de tels hommes d'État et de tels capitaines.* (Grandeur et décadence des Romains.)

Decemviri leges accumulârunt legibus, non autem finxerunt novas : inseruerunt Græcorum leges Romanorum legibus et consuetudinibus. Successus autem talis fuit, ut duodecim Tabulæ, ab ipsis conscriptæ, essent legum primarium systema, quo vastum istius reipublicæ formaretur gubernareturque corpus. Diù etiam in usu fuerunt, cum supplemento quodam, *Prætorianisque edictis in albo*, quæ respectu legum erant ceu pugillares respectu ænearum tabularum; illi enim expungi, deque novo inscribi possunt, istæ verò permanent.

Lucius Cornelius Sylla leges romanas emendavit. Tribus enim præ aliis fuit insignis tyrannus iste : erat legislator ? ab equitum stabat partibus : privatam denique eligebat vitam, non metu; sed confidentiâ.

Cæsar, longo post intervallo, quoad primum eum imitari dignabatur; neque enim alias ullum est imitatus : nam et quoad ipsam potestatis depositionem rectè inquit Seneca : *Cæsar gladium citò condidit, nun-*

Les décemvirs accumulèrent des lois sur des lois, mais n'en créèrent pas de nouvelles : ils firent entrer les lois des Grecs dans les lois et les coutumes des Romains, et ce mélange réussit si bien, que leurs douze Tables devinrent la première base de la législation qui forma et régit depuis le corps politique de cette république gigantesque. Long-temps elles furent en vigueur, avec le supplément qu'elles trouvaient dans les édits consignés sur l'*album* du préteur. Cet *album* était par rapport aux lois, ce que sont des tablettes de cire par rapport à des tables d'airain : on peut effacer ce qui est écrit sur celles-là pour y substituer autre chose, mais ce qui est gravé sur celles-ci l'est pour toujours.

Lucius Cornelius Sylla corrigea les lois romaines. Trois choses le distinguent des autres tyrans : il fut législateur, ennemi de la classe plébéienne, et rentra dans la vie privée, non par crainte, mais par une noble confiance.

César, après un long intervalle, daigna imiter Sylla sous le premier rapport, mais ne l'imita point dans le reste, et surtout dans son abdication. Aussi Sénèque a-t-il dit : *César remit l'epee dans le fourreau, mais sans la déposer.* César

quàm posuit. Ipseque Cæsar Syllæ resignationem dèspicere non verebatur; dicebat enim : *Sylla nescivit litteras,* DICTARE *non potuit.* Legislator tamen esse voluit, vel Cicerone teste. *Cæsar, si ab eo quæreretur, quid egisset in togâ ... es se respondisset multas et præclaras tulisse.*

Nepos ipsius Augustus iisdem institit vestigiis, pressitque profundiùs, nam diù regnavit tranquillè. Hinc illud poëta :

Pace datd terris animum ad civilia vertit,
Jura suum, legesque tulit justissimus autor.

Ab illo tempore tanta impensa ingenii auctoritatisque vis commentariis decisionibusque juris-consultorum et imperatorum edictis, ut ferè et leges et jurisconsulti deficerent, defatigarenturque. Hinc Justinianus in unum aliquod systema congessit leges tales, quæ observare deceret, easque non majori cum gloria quàm virtute *ædificium seu structuram sacri justitiæ templi*

se permettait même de tourner en dérision l'abdication de Sylla, et disait : *Sylla n'était pas lettré, il n'est pas étonnant qu'il n'ait pas su* DICTER (*a*). Toutefois César voulut aussi être législateur ; Cicéron l'atteste : *si on lui eût demandé*, dit-il, *quels actes avaient honoré sa toge, il eût pu répondre : Une foule de lois, et de lois excellentes.*

Le neveu de César, Auguste, marcha sur les mêmes erremens, et alla même plus loin que lui, un règne long et tranquille le lui ayant permis. C'est ce qui a fait dire au poëte :

> Après avoir donné la paix au monde, il s'occupa des droits des citoyens, et fit des lois dignes du plus sage législateur.

A partir de cette époque on s'occupa si exclusivement de commentaires, de décisions et d'édits, que lois et jurisconsultes faillirent en être accablés. Depuis, Justinien rassembla les lois, qu'il convenait de conserver, en un seul corps, qu'il appela le *Temple sacré de la Jus-*

(*a*) Ce jeu de mot nous paraît indigne de César, qui était homme de goût, et loin de mériter le reproche qu'il faisait à Sylla d'être illettré.

appellavit : conditum reverà ex veterum librorum ruinis, tanquàm materiâ et novellis quibusdam ipsiusmet Justiniani Constitutionibus.

Athenis, ut AEschines refert, sex viri erant, perpetui commissarii, attendentes quæ leges illi minùs congruerent tempori, et quæ leges novæ adversarentur pristinis : atque sic ex officio proponebant quæ abrogandæ essent.

Edgardus, Saxonum rex, hujus regni leges in unum collegit fasciculum, cùm antehac dispersæ jacerent. Idque majori ipsi cessit gloriæ quàm quod potenti cum classe hanc circumnavigavit insulam : erat enim hoc ipsum, ut Scriptura loquitur, *via navis in mari;* id est, evanuit : illud autem perdurat.

Alphonsus IX, cognomento *Sapiens,* Castellæ rex, collegit Hispaniæ leges titulo *Siete partidas,* insigne opus, septennioque absolutum. Nam, observante Tacito, uti Capi-

tice, nom qui ne paraîtra pas fastueux si l'on considère la nature de l'entreprise. Cet édifice fut en effet construit de fragmens d'anciens livres, qui en furent comme les matériaux, et de quelques novelles, ouvrage de Justinien lui-même.

A Athènes, suivant Eschines, il y avait six prud'hommes, commissaires perpétuels chargés de rechercher quelles lois n'étaient plus d'accord avec le temps présent, et quelles lois nouvelles ne s'harmonisaient point aux anciennes : ils étaient chargés de proposer d'office l'abrogation de celles qui ne convenaient plus.

Edgard, roi des Saxons, réunit en un seul faisceau les lois de son royaume, auparavant éparses, et en tira plus de gloire que de son expédition navale autour de notre île. Celle-ci n'a pas laissé plus de vestiges *que le sillon qu'un vaisseau trace sur la mer*, selon l'expression de l'Écriture, tandis que le service qu'il a rendu à la législation dure encore.

Alphonse IX, dit *le Sage*, roi de Castille, recueillit les lois espagnoles sous le titre de *Siete partidas*. Cet ouvrage remarquable fut achevé en sept ans. Tacite observe que le Capitole, quoique bâti dans les commencemens de Rome,

tolium, licet in Rômæ initiis conditum, sufficit ingenti illi monarchiæ post subsecutæ, ita hæc legum strues sufficit magno Hispanorum imperio indè subsecuto.

Ludovicus XI intendit (licet non perfecit) unam conficere Franciæ legem, ex Romanorum lege civili, provinciarum suarum consuetudinibus, quæ sunt variæ, et regum edictis, quæ apud Gallos sunt statuta. Næ insigne quid prætitisset, si, uti coronam Franciæ (sic ipse dixit) liberavit à pedissequi officio, ita et regnum suum à cursoris munere : ne teneretur ampliùs hinc indè discurrere, atque in lege civili, constitutionibus, consuetudinibus, curiarum decisionibus, et philosophorum denique disputationibus legem quærere suam; ut hodiernum solet.

Henrici VIII anno vigesimo-septimo, à Parlamento permissum est duos et triginta nominare commissarios, partim ecclesiasticos, partim seculares, qui expurgarent jus canonicum, legique divinæ et

suffit dans la suite à l'immensité de l'empire dont elle devint le centre (*a*). De même cette législation d'un petit royaume suffit aujourd'hui au vaste empire espagnol.

Louis XI, en France, avait l'intention, quoiqu'il ne l'ait pas réalisée, de composer une seule loi des lois civiles de l'ancienne Rome, des diverses coutumes des provinces et des ordonnances des rois, qui dans ce pays sont ce que sont chez nous les statuts. Il se promettait, dès qu'il aurait assuré la tranquillité de son peuple, ainsi qu'il avait assuré l'indépendance de la couronne de France, de ne rien négliger pour que l'on ne fût plus obligé, comme on l'est encore aujourd'hui, d'aller chercher la loi dans les ordonnances, les coutumes, les décisions du Palais, les jurisconsultes et les controverses.

La vingt-septième année du règne d'Henri VIII, le Parlement autorisa la nomination de trente-

---

(*a*) *On commençait déjà à bâtir la ville éternelle*, dit Montesquieu, parlant des premières constructions faites à Rome. (*Grandeur et décadence des Romains.*)

regni hujus facerent conformem : verùm
effectu caruit. Hujus enim regis actionibus,
ut plurimùm, plus inerat famæ atque volun-
tatis, quàm solidæ virtutis et efficaciæ.

Verùm existimo, errare me tot produ-
cendo exempla. Nam uti ad Cæsarem Ci-
cero; sic ad Majestatem Vestram ego dicere
queo : *Nil vulgare te dignum videri posse.*
Neque enim hoc vulgare : nam plurimorum
regnorum statuumque leges sunt quasi ædi-
ficia, ex partibus multis de die in diem
coagmentata, prout tulit occasio, absque
formâ modoque omni.

deux commissaires, les uns ecclésiastiques et les autres séculiers, chargés d'épurer le droit canon et de le mettre en harmonie avec les lois divines et avec celles du royaume ; mais ce projet resta sans exécution ; presque tous les actes de son auteur portaient l'empreinte d'une volonté plus fastueuse qu'efficace.

Mais quoi! n'ai-je pas tort de produire ici tant d'exemples, quand je puis dire à Votre Majesté ce que Cicéron disait à César : *Rien d'ordinaire n'est digne de vous?* aussi n'est-ce pas une chose ordinaire que je vous propose : voyez la plupart des royaumes et des états, leurs lois ressemblent à des édifices composés de parties construites successivement et suivant l'occasion, sans aucun plan, ni dessin (2).

NOTES.

(1) Si le mouvement d'amour-propre auquel se livre ici Bacon ne trouvait pas une explication suffisante dans la conscience que ce grand génie avait de ses propres forces, il la trouverait dans la rivalité qui existait entre Édouard Coke et lui. Il est bon d'entrer dans quelques détails à cet égard ; ils serviront à faire mieux connaître l'un des personnages avec lesquels Bacon a eu le plus de relations.

Ainsi que Bacon, Édouard Coke réunissait de grands défauts à de grandes qualités ; tous deux couraient la même carrière, et chacun, de talens différens, prétendait se faire admirer par ceux mêmes qui faisaient le principal mérite de son adversaire. Cette faiblesse mutuelle, commune aux plus grands hommes, les rendit ennemis l'un de l'autre, et leur haine réciproque ne finit qu'avec leur vie. Coke, le plus grand jurisconsulte de son siècle, était jaloux de la réputation que Bacon s'était acquise par l'étendue et la variété de ses connaissances. De son côté, Bacon ne l'était pas moins de la célébrité de Coke dans sa profession, et de la supériorité qu'on accordait généralement à ce dernier sur lui en matière de jurisprudence : lui-même fut obligé plusieurs fois de rendre hommage au profond savoir de son rival. Mais en toute autre matière Bacon prenait bien sa revanche : hors du droit, l'ignorance de Coke était complète, et il est vraisemblable que si Bacon ne l'égala, ou même ne le surpassa pas dans cette partie, c'est qu'il dédaigna de se confiner dans les bornes étroites d'une seule étude.

Quant au caractère moral de Coke, sous bien des rapports il ne valait guère mieux que celui de Bacon : dans les fonctions d'attorney général, qu'il exerça long-temps, il était offensant jusqu'à l'invective, et insultait aux malheureux accusés, s'abandonnant envers eux à des railleries outrageantes qui tenaient de la rage et de l'acharnement : tel il se montra dans le procès du coupable, mais infortuné d'Essex. Il est fâcheux d'y voir figurer, à côté de lui et dans le même sens, Bacon, que la reconnaissance aurait dû rendre étranger à cette affaire, qui d'ailleurs ne le regardait pas nécessairement, puisqu'il était alors simple membre du conseil privé d'Élisabeth. Quoi qu'il en soit, l'ambition parut avoir éteint dans le cœur de Bacon son affection pour d'Essex et sa haine pour Coke : une fois cette passion produisit entre deux ennemis l'unanimité qu'il semble donné à l'amitié seule de produire entre ceux qu'elle unit. Coke ne se montra pas plus modéré dans le procès de sir Walter Raleigh, victime touchante de la lâche politique de Jacques Ier : il outragea ce grand homme avec une amertume et une cruauté sans égales, avant de le pousser à l'échafaud.

Coke, malgré son savoir en jurisprudence, était sans esprit dans le monde; et, sous ce rapport, bien inférieur à Bacon : il avait surtout la manie de plaisanter, et ne le faisait jamais avec grâce, y mêlant toujours du pédantisme et de l'aigreur. Il avait fait une grande fortune dans le barreau, et en fut plus ménager que Bacon; il passait même pour avare. A la vérité, il ne paraît pas qu'il ait employé à acquérir des richesses aucun moyen contraire à la probité; il avait la réputation d'un magistrat intègre et inaccessible aux présens. Comme citoyen, il montra aussi une fermeté honorable, et soutint au Parlement les libertés de son pays contre les entreprises de Jacques Ier et de son successeur. Lorsque la place de chancelier devint vacante par la démission d'Egerton, Coke, perpétuel antagoniste de Bacon, devint son concurrent; mais Bacon, plus adroit et plus souple, convenait mieux à Jacques Ier qu'un homme souvent intraitable , tel qu'était Coke. Bacon fut nommé. On lui reproche d'avoir dépeint son rival sous des couleurs odieuses; toutefois la disgrâce de Coke ne fut pas complète, puisqu'il conserva jusqu'à la fin la place de grand juge du banc du Roi. Il mourut âgé de quatre-vingt six ans, sous Charles Ier.

(2) Au moment de livrer la dernière feuille de cette traduction à l'imprimeur, je lis dans les journaux l'Ordonnance suivante, qu'il suffit de rapporter pour en faire l'éloge. Les vœux de l'administration , des tribunaux et de la France entière seront donc enfin remplis !

Louis, etc.

« Vu les articles 14 et 68 de la Charte ;

« Sur le rapport de notre Garde des Sceaux , ministre secrétaire d'État au département de la justice,

« Nous avons ordonné et ordonnons ce qui suit:

« Art. 1er. Il sera formé une commission de révision chargée de colliger et de vérifier les Arrêtés, Décrets et autres Décisions réglementaires, rendus antérieurement au rétablissement de notre autorité dans notre royaume.

« 2. La commission de révision préparera successivement, suivant l'ordre des matières, des projets d'Ordonnance portant abrogation explicite et définitive de celles de ces décisions qu'elle jugera ne pas devoir être maintenues.

« Elle préparera également des projets d'Ordonnances destinées à remplacer celles dont les dispositions auront été reconnues utiles et qui devront être conservées.

« 3. La commission de révision se composera de douze membres et d'un secrétaire.

« Ces dernières fonctions seront remplies par un maître des requêtes au Conseil d'État.

« 4. Sont nommés membres de la commission de révision , les sieurs : marquis de Pastoret , vice-président de la chambre des pairs ; comte Portalis, conseiller d'État ,pré-

sident de chambre à la cour de cassation ; marquis d'Her-
bouville, pair de France ; de Martignac, membre de la
chambre des députés, ministre d'État, directeur-général
de l'enregistrement et des domaines ; baron Dudon, membre de la chambre des députés et conseiller d'État ; Pardes-
sus, membre de la chambre des députés et conseiller à la
cour de cassation ; Bonnet, membre de la chambre des
députés ; baron Cuvier, conseiller d'État ; chevalier Allent,
conseiller d'État ; Amy, président de chambre en la cour
royale de Paris et maître des requêtes au conseil d'État ;
de Cassini, président de chambre en la cour royale de
Paris ; de Vatisménil, conseiller d'État, avocat général
en la cour de cassation.

« 5. le baron Dunoyer, maître des requêtes au conseil
d'État, et conseiller en la cour de cassation, est nommé
secrétaire de la commission de révision.

« 6. Notre garde des sceaux, ministre secrétaire au département de la justice, est chargé de l'exécution de la
présente ordonnance.

« Donné au château des Tuileries, le 20 août de l'an de
grâce 1824, et de notre règne le 30ᵉ.

« *Signé*, LOUIS. »

L'art. 1ᵉʳ de cette ordonnance ne dit pas clairement si
le travail de la commission comprendra dans ses projets
d'abrogation explicite et définitive les ordonnances antérieures à la révolution qui ne se trouvent plus en harmonie avec nos lois nouvelles : mais ce travail serait
incomplet s'il ne s'étendait pas à toute la législation régle-
mentaire. Puisse l'exécution être digne de l'entreprise !

Nota. Le discours suivant, qui par son objet se rattache à un passage du morceau intitulé *de officio judicis*, a été prononcé à l'installation du barreau de Tours, le 3 janvier 1822. Me pardonnera-t-on de le placer ici sous la protection du génie? il me rappelle des fonctions que j'ai perdues avec regret, mais sans souvenirs fâcheux. Au temps de Bacon, une destitution déshonorait le magistrat qu'elle frappait, témoin Bacon lui-même : il en était de même en France avant la révolution. Aujourd'hui, si une destitution déshonore quelqu'un, ce n'est plus toujours celui qu'elle atteint : la présomption est en faveur de ce dernier, ou contre lui, suivant l'opinion qu'on s'est faite du ministre qui a provoqué la mesure. Je suis donc bien aise qu'on sache que, volontaire royal en 1815, j'ai été destitué, sous M. Peyronnet, après huit ans de services sans reproche dans le ministère public, et pour des causes que l'ordonnance de révocation n'articule pas. Je puis néanmoins assurer qu'elles n'ont aucune analogie avec celles qui firent mettre Bacon en jugement, mais bien avec celles de la révocation de MM. Fréteau et Bourdeau, si honorables pour ces magistrats. Je crois être généreux n'en disant pas davantage. Je puis même l'être assez pour me borner à désirer que les loisirs de la retraite permettent bientôt à M. Peyronnet de composer, s'il le peut, à l'exemple de l'ex-garde des sceaux anglais, d'assez beaux ouvrages pour faire oublier son administration.

DISCOURS

SUR

LA PROFESSION D'AVOCAT.

—

Messieurs,

Tant que les hommes n'ont placé que les besoins de la nature sous la protection des lois civiles, le sentiment du bien et du mal, du juste et de l'injuste, a été toute la jurisprudence. Le premier venu était un juge compétent (*a*). Au printemps, un tertre en plein air était un tribunal convenable, pourvu qu'il fût surmonté d'un dais de feuillage et couvert d'un tapis de verdure parsemé de fleurs des champs (*b*); alors

---

(*a*) *Audiat hæc tantùm vel qui venit......*
(Virgile, éclogue III.)

(*b*) *Dicite : quandòquidem in molli consedimus herbâ,*
Et nunc omnis ager, etc. . . .   (Virg., ecl. III.)

il n'était besoin ni d'huissiers, ni d'avoués, ni même d'avocats; on s'attachait aux pas de sa partie (*a*); on l'amenait soi-même. L'assignation n'était jamais nulle; point de défauts, point de frais frustratoires; chacun plaidait sa propre cause, et si bien, que souvent la balance du juge resta en équilibre entre des plaideurs si diserts, au milieu de si graves intérêts; heureux déni de justice qui forçait au partage de la génisse en litige (*b*)! Alors le glaive de la justice ne servait qu'à sacrifier aux dieux, dont juges et plaideurs invoquaient avant tout les sublimes lumières (*c*). Les beaux jours de notre histoire ont vu parfois revivre cette antique simplicité, et les chênes royaux de Vincennes redisent encore les arrêts du père des Bourbons (*d*).

(*a*) *Nunquàm hodiè effugies, veniam quòcumque vocâris.*

(Virg., écl. Id.)

(*b*) *Non nostrum inter vos tantas componere lites:*
    Et vitulâ tu dignus, et hic... etc.   (Id.)

(*c*) *Ab Jove principium...*   (Id.)

(*d*) « Quelles voix ne l'ont pas célébré de siècle en siècle, assis sur un gazon, sous les chênes de Vincennes, rappelant ces premiers temps du monde, où les patriarches gouvernaient une famille immense, unie et obéissante?» (Voltaire, *Panégyrique de saint Louis.*)

Ce temps n'est plus; l'inébranlable et perpétuelle volonté d'attribuer à chacun ses droits (*a*), suppose la connaissance des droits de chacun, et ces droits se compliquent aujourd'hui de mille intérêts diversement combinés; le sentiment du bien et du mal, du juste et de l'injuste, est devenu un art, une science (*b*), où les erreurs de l'esprit ne sont pas moins dangereuses que les égaremens du cœur. La bonne foi ne s'est réservé que quelques affaires de peu d'importance, tandis que l'artifice et la fraude se sont retirés dans les contrats (*c*). Dès lors, il a fallu être éclairé pour être juste, habile pour attaquer, plus habile pour se défendre. Le plaideur n'a plus suffi à la discussion; que dis-je! à l'intelligence de ses droits ainsi divisés et subdivisés. Il a appelé à son secours, et les avocats (*d*) sont accourus; mais que ceux-ci ne l'oublient jamais, c'est l'ignorance et le malheur, la faiblesse et la misère, qui appellent à

(*a*) *Justitia est constans et perpetua voluntas jus suum cuique tribuendi.* (Instit. de Justinien.)

(*b*) *Ars æqui et boni, justi atque injusti scientia.* (Id.)

(*c*) **Montesquieu**, *discours prononcé à la rentrée du parlement de Bordeaux*, en 1725.

(*d*) *Advocati.*

leur secours la science et la probité, le cou-
rage et souvent la charité (*a*). Avocats, voilà ce
que vous demandent vos cliens : sondez vos
reins et vos cœurs, et si vous n'y trouvez ces
qualités généreuses, renoncez à une profession
qui exige plus de vertu encore que de talens.

L'avocat exerce un ministère de pure bien-
faisance, et n'attend le salaire de ses travaux
que de la reconnaissance de ses cliens : sa première récompense est dans le témoignage de
sa conscience, et il ne prise pas moins les lar-
mes de joie et les bénédictions de l'indigent
dont il a sauvé gratuitement la fortune, l'honneur ou la vie, que les présens intéressés de l'o-
pulence à laquelle il a prêté ses lumières et
souvent sa propre vertu. C'est dans cet esprit,
et pour séparer cette noble profession de toute
pensée mercenaire, que la loi a confié la conduite des procédures à des officiers publics
chargés de recouvrer des frais dont des cliens
injustes n'auraient pas toujours su distinguer
les honoraires de l'avocat (*b*). Enfin, la loi ne
permet pas à l'avocat de traiter avec son client

(*a*) Art. 24 du décret du 14 décembre 1810.
(*b*) Art. 18 du n° 3 du même décret.

avant sa plaidoierie ; disons mieux, elle ne veut pas que la reconnaissance précède le bienfait (*a*). Après le bienfait, elle refuse au bienfaiteur action en justice ; elle l'abandonne sans réserve à la gratitude de celui qu'il a obligé ; mais elle dévoue celui-ci à la honte et au mépris public, s'il est ingrat. Il est homme, rien ne lui garantit que son dernier procès sera son dernier malheur. Que désormais isolé dans le monde, privé des secours et des consolations de la toge dont il a méconnu les services, il ait pour uniques défenseurs les tribunaux, qui distribuent la justice même aux méchans, mais comme on paie une dette ; pour uniques consolateurs, ceux que la religion, qui pardonne tout, réserve même aux ingrats.

La confusion des professions d'avocat et d'avoué était une suite de la confusion de tous les principes : l'ordre a ramené une distinction honorable pour les uns, utile pour les autres. Toutefois, que les avoués ne dédaignent pas la part qui leur reste dans la défense des cliens. Messieurs les avoués, elle vous offre encore assez de vertus et d'habilité à exercer. Si vous en dou-

---

(*a*) Art. 36 du décret du 14 décembre 1810.

tiei, je vous dirais avec le grand publiciste qui honorait, il y a un siècle, la magistrature (*a*) : « Si vous pouvez à tous momens nous fermer les yeux sur la vérité, nous les ouvrir sur des lueurs et des apparences; si vous pouvez nous lier les mains, éluder les dispositions les plus justes et en abuser; présenter sans cesse à vos parties la justice, et ne leur faire embrasser que son ombre; leur faire espérer la fin et la reculer toujours, et les faire marcher dans un dédale d'erreurs d'autant plus dangereux que vous seriez plus habiles : vous pouvez aussi ennoblir votre profession par la vertu, qui les orne toutes. Nous n'aurons point, dirons-nous, à nous défendre de leurs artifices; ils vont concourir avec nous à l'œuvre du jour. Avoués, vos devoirs touchent de si près les nôtres, que nous, qui sommes préposés pour vous reprendre, nous vous prions, nous vous conjurons de les observer. »

« Combien serait respectable, disait l'avocat général Servan, celui dont on dirait : Voilà l'agent de tous les malheureux ! »

Avoués, lorsque vous avez mérité l'estime et

______

(*a*) *Montesquieu*, discours précité.

la confiance du tribunal, l'estime et la confiance publiques vous ont récompensés. Déjà le nouvel ordre des avocats attend avec impatience que plusieurs d'entre vous viennent prendre place au milieu d'eux, et partager avec le vénérable bâtonnier de cet ordre l'honneur de lui donner de bons exemples.

Quant à vous, Avocats, vous trouverez vos droits et vos devoirs tracés dans le beau préambule du décret qui, en organisant votre ordre, le rappelle à sa vraie destination. Réunis pour faire le bien, vous n'oublierez jamais le but que la loi s'est proposé en vous associant; et si aux liens dont elle vous enchaîne les uns aux autres vous en ajoutez un, ce sera celui de l'amitié; c'est le lien qui convient aux honnêtes gens : *inter bonos amicitia, inter malos coalitio* (*a*) : Vous laisserez aux méchans les coalitions et ces réunions illicites que l'ordre et la loi réprouvent (*b*). Par respect pour vous-mêmes, quelle que soit la nature de votre cause, vous n'offenserez jamais la morale et la décence publiques; et si parfois vous êtes obligés de sacrifier la pu-

---

(*a*) Sallust., *Bellum Catilinarium.*
(*b*) Art. 34 du décret précité.

deur à la vérité, on sentira que c'est à regret que vous substituez le belier impur à la chaste Iphigénie. Vous éviteres de vous livrer à des personnalités offensantes envers vos adversaires; vous n'avancerez contre l'honneur et la réputation des parties aucun fait grave, que la nécessité de la cause ne l'exige, et que vous n'en ayez reçu charge expresse et par écrit de vos cliens. Ici, j'emprunte encore les paroles de Montesquieu (a) :

« Vous avez du zèle, disait-il aux avocats de son temps, et nous le louons; mais ce zèle devient criminel lorsqu'il vous fait oublier ce que vous devez à vos adversaires. Je sais bien que la loi d'une juste défense vous oblige souvent de révéler des choses que la honte avait ensevelies ; mais c'est un mal que nous ne tolérons que lorsqu'il est absolument nécessaire. Apprenez de nous cette maxime, et souvenez-vous-en toujours : ne dites jamais la vérité aux dépens de votre vertu. »

Avocats, vous respecterez également dans vos plaidoieries et dans vos écrits les principes de la monarchie et de la Charte immortelle que le

---

(a) *Montesquieu*, discours précité.

Roi nous a donnée; vous respecterez les lois et les autorités établies, et ne transporterez jamais des discussions politiques dans l'arène judiciaire. La nature du gouvernement représentatif les circonscrit dans les chambres législatives; vous ne les en ferez point sortir (*a*). « Ces temps, dit l'illustre Servan, ne sont plus où votre éloquence réglait les empires, où tout un peuple assemblé vous écoutait sur ses intérêts; l'étroite enceinte du barreau semble ne laisser plus d'espace à de si grands succès. Mais ne voyez-vous pas l'issue qui vous reste pour aller à la renommée? Vous êtes encore les maîtres de votre gloire; prenez seulement la défense d'un innocent accusé, et bientôt vous aurez le genre humain pour client; la pitié court avertir les hommes de toutes parts, et les rend attentifs à la cause qui les intéresse tous (*b*). »

Rousseau a dit, je ne sais où : « Dans quelque pays que ce soit, si l'on vous demande quel est l'homme le plus savant, vous pouvez, sans craindre de vous tromper, nommer le médecin

---

(*a*) Décret précité, art. 39.

(*b*) *Servan*, Discours sur l'administration de la justice criminelle.

du lieu. »Messieurs, si, lorsqu'on demandera désormais quels sont les plus honnêtes gens de cette ville, on ne vous nommait pas, ce serait votre faute; personne en effet plus que vous ne peut à la fois être et paraître honnête homme. Je n'ajoute qu'un mot :

Avocats, à Rome il y avait une grande et belle allégorie : il fallait traverser le temple de la Vertu pour arriver à celui de la Gloire (*a*).

(*a*) « Nos ancêtres, pleins de sagesse en cela comme en d'autres choses, ont placé le temple de la Gloire et celui de la Vertu à côté l'un de l'autre, pour indiquer que les récompenses de l'opinion se trouvent au même lieu que les mérites de la vertu. Non loin de ce double temple on aperçoit l'autel des Muses et la fontaine qui leur est consacrée; parce que l'éloquence applanit souvent le chemin des honneurs. »

(*Lettres de Simmaque au poëte Ausone.*)

FIN.

INDEX.

TABLE DES MATIÈRES.

FIN DE LA TABLE.